引领

为高质量发展提供强大动力

任初轩 ◎ 编

人民日报出版社

北京

图书在版编目（CIP）数据

引领：为高质量发展提供强大动力 / 任初轩编.
北京：人民日报出版社，2024.9. -- ISBN 978-7-5115-8442-7

Ⅰ. D25-53

中国国家版本馆CIP数据核字第20245GL949号

书　　名：	引领：为高质量发展提供强大动力 YINLING: WEI GAOZHILIANG FAZHAN TIGONG QIANGDA DONGLI
作　　者：	任初轩

出 版 人：刘华新
策 划 人：欧阳辉
责任编辑：周海燕　孙　祺
装帧设计：元泰书装

出版发行：人民日报出版社
社　　址：北京金台西路2号
邮政编码：100733
发行热线：（010）65369509　65369512　65363531　65363528
邮购热线：（010）65369530　65363527
编辑热线：（010）65369518
网　　址：www.peopledailypress.com
经　　销：新华书店
印　　刷：大厂回族自治县彩虹印刷有限公司
法律顾问：北京科宇律师事务所　（010）83622312

开　　本：710mm×1000mm　1/16
字　　数：240千字
印　　张：17.5
版　　次：2024年9月第1版
印　　次：2024年9月第1次印刷

书　　号：ISBN 978-7-5115-8442-7
定　　价：58.00元

目 录

上 篇

坚持党的全面领导，确保改革始终沿着正确政治方向前进 / 002

紧紧围绕推进中国式现代化进一步全面深化改革 / 005

坚持人民至上谋划和推进改革 / 008

更加注重突出重点，发挥经济体制改革牵引作用 / 011

更加注重系统集成，使各方面改革相互配合、协同高效 / 014

更加注重改革实效，以钉钉子精神抓好改革落实 / 017

为中国式现代化提供强大动力和制度保障 / 020

贯彻新发展理念，发挥改革的推动作用 / 023

坚持以人民为中心推进改革 / 026

用完善的制度防范化解风险、有效应对挑战 / 029

深化改革开放　赢得战略主动 / 032

建设更加坚强有力的马克思主义政党 / 035

紧扣推进中国式现代化 / 038

为推动高质量发展提供强大动力 / 041

突出重点，凸显改革引领作用 / 044

坚持目标导向和问题导向相结合 / 047

聚焦构建高水平社会主义市场经济体制 / 050

聚焦发展全过程人民民主 / 053

聚焦建设社会主义文化强国 / 056

聚焦提高人民生活品质 / 059

聚焦建设美丽中国 / 062

聚焦建设更高水平平安中国 / 065

聚焦提高党的领导水平和长期执政能力 / 068

坚持党的全面领导 / 071

坚持以人民为中心 / 074

坚持守正创新 / 077

坚持以制度建设为主线 / 080

坚持全面依法治国 / 083

坚持系统观念 / 086

下 篇

深刻领会和把握进一步全面深化改革的重大原则 / 092

牢牢把握进一步全面深化改革的出发点和落脚点 / 100

进一步全面深化改革必须坚持党的全面领导 / 106

进一步全面深化改革必须坚持以人民为中心 / 112

进一步全面深化改革必须坚持守正创新 / 118

进一步全面深化改革必须坚持以制度建设为主线 / 124

进一步全面深化改革必须坚持全面依法治国 / 130

进一步全面深化改革必须坚持系统观念 / 136

紧紧围绕推进中国式现代化进一步全面深化改革 / 142

进一步全面深化改革的总目标 / 150

深化国资国企改革 / 157

完善市场经济基础制度 / 164

健全促进实体经济和数字经济深度融合制度 / 172

深化教育综合改革 / 179

深化科技体制改革 / 186

加强创新资源统筹和力量组织 / 193

健全国家经济社会发展规划制度体系 / 200

深化财税体制改革 / 207

深化金融体制改革 / 214

健全协商民主机制 / 221

深化生态文明体制改革 / 228

健全社会治理体系 / 235

健全社会工作体制机制 / 242

深化跨军地改革 / 250

着力铲除腐败滋生的土壤和条件 / 257

以钉钉子精神抓好改革落实 / 264

引领
为高质量发展提供强大动力

上 篇

> 引领 为高质量发展提供强大动力

坚持党的全面领导,确保改革始终沿着正确政治方向前进
——论学习贯彻党的二十届三中全会精神

人民日报评论员

中国共产党是一个大党,领导的是一个大国,进行的是伟大的事业。每逢重大历史关头,党总是能够制定正确的政治战略策略,指引我们战胜无数风险挑战、不断从胜利走向胜利。

在以中国式现代化全面推进强国建设、民族复兴伟业的关键时期,党的二十届三中全会在北京胜利举行。全会从党和国家事业发展全局的战略高度出发,重点研究进一步全面深化改革、推进中国式现代化问题,审议通过了《中共中央关于进一步全面深化改革、推进中国式现代化的决定》。这是指导新征程上进一步全面深化改革的纲领性文件,是在新的历史起点上推进全面深化改革向广度和深度进军的又一次总动员、总部署,充分体现了以习近平同志为核心的党中央完善和发展中国特色社会主义制度、推进国家治理体系和治理能力现代化的历史主动,以进一步全面深化改革开辟中国式现代化广阔前景的坚强决心,向国内国际释放了我们党坚定不移高举改革开放旗帜的强烈信号。

善于用改革的办法解决发展中的问题,是我们党治国理政的一条

重要经验。改革开放和社会主义现代化建设新时期,我国大踏步赶上时代,靠的是改革开放。党的十八大以来,党和国家事业取得历史性成就、发生历史性变革,靠的也是改革开放。新时代新征程上,要开创中国式现代化建设新局面,仍然要靠改革开放。实践充分证明,党的领导直接关系中国式现代化的根本方向、前途命运、最终成败。

党的十八大以来,以习近平同志为核心的党中央团结带领全党全国各族人民,以巨大的政治勇气和智慧推进全面深化改革,敢于突进深水区,敢于啃硬骨头,敢于涉险滩,敢于面对新矛盾新挑战,以前所未有的力度打开了崭新局面,提出的一系列创新理论、采取的一系列重大举措、取得的一系列重大突破,都是革命性的。放眼全世界,没有哪个国家和政党,能有这样的政治气魄和历史担当,敢于大刀阔斧、刀刃向内、自我革命,也没有哪个国家和政党,能在这么短时间内推动这么大范围、这么大规模、这么大力度的改革。新时代以来全面深化改革的成功实践和伟大成就,根本在于有习近平总书记作为党中央的核心、全党的核心领航掌舵,在于有习近平新时代中国特色社会主义思想科学指引,充分证明"两个确立"对于我们应对各种风险挑战、推进中国式现代化建设具有决定性意义。

改革开放是有方向、有立场、有原则的。全会总结和运用改革开放以来特别是新时代全面深化改革的宝贵经验,提出进一步全面深化改革必须贯彻的重大原则,排在首位的就是"坚持党的全面领导"。必须深刻认识到,中国共产党的领导是中国特色社会主义最本质的特征,是中国特色社会主义制度的最大优势,是进一步全面深化改革、推进中国式现代化的根本保证。只有坚持党的全面领导,坚定维护党中央权威和集中统一领导,发挥党总揽全局、协调各方的领导核心作用,把党的领导贯穿改革各方面全过程,才能确保改革始终沿着正确政治方向前进。

守正才能不迷失方向、不犯颠覆性错误,创新才能把握时代、引领时代。新征程上进一步全面深化改革,必须锚定总目标,坚持解放思想、实事求是、与时俱进、求真务实,既要有道不变、志不改的强大定力,坚持中国特色社会主义不动摇,又要有敢创新、勇攻坚的锐气胆魄,推动改革不断取得新突破。既不走封闭僵化的老路,也不走改旗易帜的邪路,坚定不移走中国特色社会主义道路,将改革进行到底,才能把我国发展进步的命运牢牢掌握在自己手中。

学习好贯彻好党的二十届三中全会精神是当前和今后一个时期全党全国的一项重大政治任务。改革扬帆风正劲,击鼓催征再出发。更加紧密地团结在以习近平同志为核心的党中央周围,全面贯彻习近平新时代中国特色社会主义思想,深入学习贯彻习近平总书记关于全面深化改革的一系列新思想、新观点、新论断,以一往无前的奋斗姿态把改革推向前进,我们一定能把中国式现代化的宏伟蓝图变成美好现实。

(《人民日报》2024年7月20日第4版)

紧紧围绕推进中国式现代化进一步全面深化改革

——论学习贯彻党的二十届三中全会精神

人民日报评论员

围绕党的中心任务谋划和部署改革，是党领导改革开放的成功经验。党的二十届三中全会审议通过了《中共中央关于进一步全面深化改革、推进中国式现代化的决定》，紧紧围绕推进中国式现代化这个主题擘画进一步全面深化改革战略举措，充分体现了以习近平同志为核心的党中央以进一步全面深化改革开辟中国式现代化广阔前景的坚强决心。

党的二十大确立了新时代新征程党的中心任务，对推进中国式现代化作出战略部署。要把这些战略部署落到实处，把中国式现代化蓝图变为现实，就要进一步全面深化改革。新征程上，我们靠什么来进一步凝心聚力？就是要靠中国式现代化。全会重点研究进一步全面深化改革、推进中国式现代化问题，正是凝聚人心、汇聚力量，实现新时代新征程党的中心任务的迫切需要。

全会指出，面对纷繁复杂的国际国内形势，面对新一轮科技革命和产业变革，面对人民群众新期待，必须自觉把改革摆在更加突出位置，紧紧围绕推进中国式现代化进一步全面深化改革。要清醒看到，完善中国特色社会主义制度是一个动态过程，必然随着实践发展而不断发展，已有制度需要不断健全，新领域新实践需要推进制度创新、填补制度空白。只有进一步全面深化改革，不断完善各方面体制机制，才能为中国式现代化提供制度保障。当前，推动高质量发展面临的突出问题依然是发展不平衡不充分，这些问题都是社会主要矛盾变化的反映，是发展中的问题。只有进一步全面深化改革，才能为以高质量发展全面推进中国式现代化提供强大动力。推进中国式现代化是一项全新的事业，前进道路上必然会遇到各种矛盾和风险挑战。只有进一步全面深化改革，才能用完善的制度防范化解风险、有效应对挑战，推动党和国家事业不断前进。

全会科学谋划了围绕中国式现代化进一步全面深化改革的总体部署，对以中国式现代化全面推进强国建设、民族复兴伟业具有重大而深远的意义。要锚定继续完善和发展中国特色社会主义制度、推进国家治理体系和治理能力现代化的总目标，聚焦构建高水平社会主义市场经济体制，聚焦发展全过程人民民主，聚焦建设社会主义文化强国，聚焦提高人民生活品质，聚焦建设美丽中国，聚焦建设更高水平平安中国，聚焦提高党的领导水平和长期执政能力，继续把改革推向前进。更加注重系统集成，更加注重突出重点，更加注重改革实效，精准发力、协同发力、持续发力，一定能实现到2035年的目标，全面建成高水平社会主义市场经济体制，中国特色社会主义制度更加完善，基本实现国家治理体系和治理能力现代化，基本实现社会主义现代化，为到本世纪中叶全面建成社会主义现代化强国奠定坚实基础。

紧紧围绕推进中国式现代化进一步全面深化改革，要贯彻坚持党的全面领导、坚持以人民为中心、坚持守正创新、坚持以制度建设为主线、坚持全面依法治国、坚持系统观念等原则。必须深刻认识到，这些重大原则是对改革开放以来特别是新时代全面深化改革宝贵经验的科学总结，是我们党不断深化对改革的规律性认识的重大成果，对于增强进一步全面深化改革的科学性、预见性、主动性、创造性，推动改革行稳致远，具有重大指导意义。新征程上，贯彻这些重大原则，把党的领导贯穿改革各方面全过程，尊重人民主体地位和首创精神，坚持中国特色社会主义不动摇，筑牢根本制度，完善基本制度，创新重要制度，善于运用法治思维和法治方式破解改革难题，增强改革系统性、整体性、协同性，就一定能推动改革不断取得新突破。

中国式现代化是在改革开放中不断推进的，也必将在改革开放中开辟广阔前景。更加紧密地团结在以习近平同志为核心的党中央周围，深入学习贯彻党的二十届三中全会精神，深刻领会和把握进一步全面深化改革的主题、重大原则、重大举措、根本保证，锐意进取、开拓创新，我们就一定能在新征程上谱写改革开放新篇章，推动中国式现代化建设披荆斩棘、一往无前。

(《人民日报》2024年7月21日第1版)

> **引领** 为高质量发展提供强大动力

坚持人民至上谋划和推进改革
——论学习贯彻党的二十届三中全会精神

人民日报评论员

抓改革、促发展，归根到底就是为了让人民过上更好的日子。党的二十届三中全会审议通过的《中共中央关于进一步全面深化改革、推进中国式现代化的决定》，坚持人民至上，从人民整体利益、根本利益、长远利益出发谋划和推进改革，充分彰显了我们党的性质宗旨、初心使命，充分体现了习近平新时代中国特色社会主义思想的世界观和方法论。

党的十八大以来，以习近平同志为核心的党中央坚持以人民为中心推进改革，始终把人民利益摆在至高无上的地位，抓住人民最关心最直接最现实的利益问题推进重点领域改革。从聚焦解决"看病难、看病贵"问题推进国家组织药品和耗材集中带量采购，到秉持"良好生态环境是最普惠的民生福祉"推进生态文明体制改革，从户籍制度改革让1.4亿农业转移人口落户城镇，到司法体制改革努力让人民群众在每一个司法案件中感受到公平正义……顺应民心、尊重民意、关注民情、致力民生，通过改革给人民群众带来更多实实在在的利益。实践充分证明，坚持人民至上谋划和推进改革，把改革方案的含金量充分展示出来，使改革更好对接发展所需、基层所盼、民心所向，进一步全面深化改革就拥有最坚实的依托、最强大的底气、最澎湃的动力。

总结和运用改革开放以来特别是新时代全面深化改革的宝贵经验，这次全会提出了进一步全面深化改革必须贯彻的"六个坚持"重大原则，"坚持以人民为中心"正是其中重要一条。必须深刻认识到，让广大人民群众共享改革发展成果，是社会主义的本质要求，是社会主义制度优越性的集中体现。改革开放在认识和实践上的每一次突破和深化，改革开放中每一个新生事物的产生和发展，改革开放每一个领域和环节经验的创造和积累，无不来自亿万人民的智慧和实践。新征程上，把牢进一步全面深化改革的价值取向，坚持人民有所呼、改革有所应，做到改革为了人民、改革依靠人民、改革成果由人民共享，就能确保改革始终得到人民群众衷心拥护。

中国式现代化是全体人民共同富裕的现代化，在发展中保障和改善民生是中国式现代化的重大任务。我国社会主要矛盾已经转化为人民日益增长的美好生活需要和不平衡不充分的发展之间的矛盾，推动高质量发展面临的突出问题依然是发展不平衡不充分，城乡区域发展和收入分配差距仍然较大，民生保障、生态环境保护仍存短板。这次全会顺应人民群众新期待，继续把改革推向前进，正是坚持以人民为中心、让现代化建设成果更多更公平惠及全体人民的必然要求，是推动高质量发展、更好适应我国社会主要矛盾变化的迫切需要。全会以促进社会公平正义、增进人民福祉为出发点和落脚点，就完善收入分配制度、完善就业优先政策、健全社会保障体系、深化医药卫生体制改革、健全人口发展支持和服务体系，提出一系列重大改革举措。这些举措的落地见效，必将不断造福人民。

"为了人民而改革，改革才有意义；依靠人民而改革，改革才有动力。"进一步全面深化改革坚持人民至上，就要笃定"老百姓关心什么、期盼什么，改革就要抓住什么、推进什么"，多推出一些民生所急、民心所向的改革举措，多办一些惠民生、暖民心、顺民意的实事。要大兴调查研究，走好群众路线，问需、问计于民，尊重基层和群众首创精神，注重从老百姓急难愁盼中找准改革发力点和突破口，增强群众获得感、认同度，汇集民智、凝聚民心，紧紧依靠人民把改革推向前进。

中国共产党是为人民服务、为人民造福的党。党的一切工作都是为了实现好、维护好、发展好最广大人民根本利益。锚定进一步全面深化改革总目标、把牢价值取向，坚持人民至上谋划和推进改革，以实绩实效和人民群众满意度检验改革，我们一定能在新的赶考之路上向历史和人民交出新的优异答卷。

(《人民日报》2024年7月22日第3版)

·上 篇·

更加注重突出重点，发挥经济体制改革牵引作用
——论学习贯彻党的二十届三中全会精神

人民日报评论员

实现新时代新征程的目标任务，要把全面深化改革作为推进中国式现代化的根本动力。党的二十届三中全会审议通过的《中共中央关于进一步全面深化改革、推进中国式现代化的决定》，更加注重突出重点，突出体制机制改革，突出战略性、全局性重大改革，突出经济体制改革牵引作用，凸显改革引领作用，为进一步全面深化改革、推进中国式现代化明确了重点任务、指出了主攻方向。

既抓重要领域、重要任务、重要试点，又抓关键主体、关键环节、关键节点，以重点带动全局，是新时代全面深化改革的一个重要方法。党的十八大以来，以习近平同志为核心的党中央紧紧围绕发展这个第一要务来部署各方面改革，发挥经济体制改革牵引作用，实现改革由局部探索、破冰突围到系统集成、全面深化的转变，各领域基础性制度框架基本建立，全面深化改革取得历史性伟大成就。实践充分证明，坚持重点突破，在整体推进的基础上抓主要矛盾和矛盾的主要方面，努力做到全局和局部相配套、治本和治标相结合、渐进和突破相衔接，实现整体推进和重点突破相统一，才能做到纲举目张。

习近平总书记强调:"深化经济体制改革仍是进一步全面深化改革的重点,主要任务是完善有利于推动高质量发展的体制机制,塑造发展新动能新优势,坚持和落实'两个毫不动摇',构建全国统一大市场,完善市场经济基础制度。"全会通过的《决定》,锚定2035年基本实现社会主义现代化目标,重点部署未来五年的重大改革举措,注重发挥经济体制改革牵引作用、注重构建支持全面创新体制机制是其重要特点。

必须深刻认识到,高水平社会主义市场经济体制是中国式现代化的重要保障,只有处理好政府和市场关系这个核心问题,既"放得活"又"管得住",才能更好激发全社会内生动力和创新活力;高质量发展是全面建设社会主义现代化国家的首要任务,只有以新发展理念引领改革,立足新发展阶段,深化供给侧结构性改革,完善推动高质量发展激励约束机制,才能塑造发展新动能新优势;科学的宏观调控、有效的政府治理是发挥社会主义市场经济体制优势的内在要求,只有完善宏观调控制度体系,统筹推进财税、金融等重点领域改革,才能增强宏观政策取向一致性;城乡融合发展是中国式现代化的必然要求,只有统筹新型工业化、新型城镇化和乡村全面振兴,全面提高城乡规划、建设、治理融合水平,促进城乡要素平等交换、双向流动,才能促进城乡共同繁荣发展;开放是中国式现代化的鲜明标识,只有坚持对外开放基本国策,坚持以开放促改革,建设更高水平开放型经济新体制,才能不断拓展中国式现代化的发展空间。

教育、科技、人才是中国式现代化的基础性、战略性支撑。党的二十大报告首次将教育、科技、人才作为专章阐述并一体部署,明确到2035年建成教育强国、科技强国、人才强国。全会通过的《决定》对深化教育科技人才体制机制一体改革作出了重要部署。必须深刻认识到,科技是第一生产力,人才是第一资源,创新是第一动力,只有深入实施科教兴国战略、人才强国战略、创新驱动发展战略，统筹推进教育科技人才体制机制一体改革，健全新型举国体制，提升国家创新体系整体效能，才能形成推动高质量发展的倍增效应，支撑引领中国式现代化。

我国改革开放以来的实践充分证明，紧紧扭住解放和发展社会生产力，就能为其他各方面改革提供强大推动，影响其他各个方面改革相应推进。认真学习贯彻党的二十届三中全会精神，更加注重突出重点，发挥经济体制改革牵引作用，进一步解放和发展社会生产力、激发和增强社会活力，推动生产关系和生产力、上层建筑和经济基础、国家治理和社会发展更好相适应，就一定能谱写新时代改革开放新篇章，为推进中国式现代化持续注入强劲动力。

（《人民日报》2024年7月23日第1版）

引领 为高质量发展提供强大动力

更加注重系统集成,使各方面改革相互配合、协同高效
——论学习贯彻党的二十届三中全会精神

人民日报评论员

坚持系统观念,是新时代全面深化改革的一个宝贵经验,是进一步全面深化改革必须贯彻的一条重大原则。党的二十届三中全会审议通过的《中共中央关于进一步全面深化改革、推进中国式现代化的决定》,更加注重系统集成,加强对改革整体谋划、系统布局,使各方面改革相互配合、协同高效。

新时代改革开放具有许多新的内涵和特点,其中很重要的一点就是制度建设分量更重,对改革的系统性、整体性、协同性要求更强。党的十八大以来,以习近平同志为核心的党中央团结带领全党全国各族人民,以巨大的政治勇气和智慧推进全面深化改革,实现改革由局部探索、破冰突围到系统集成、全面深化的转变,许多领域实现历史性变革、系统性重塑、整体性重构。党的十八届三中全会之所以"也是划时代的",一个重要方面就在于坚持系统观念,系统整体设计推进改革,开创了我国改革开放全新局面。

习近平总书记强调:"谋划和推进改革,必须坚持系统观念、全局观念,强化战略思维、辩证思维,分轻重缓急,更加注重系统集成。

要加强改革举措协调配套,推动各领域各方面改革举措同向发力,增强整体效能。"全会通过的《决定》在统筹推进"五位一体"总体布局、协调推进"四个全面"战略布局框架下谋划进一步全面深化改革,统筹部署经济体制改革和其他各领域改革,注重全面改革、注重统筹发展和安全是其重要特点。

必须深刻认识到,发展全过程人民民主是中国式现代化的本质要求,只有坚定不移走中国特色社会主义政治发展道路,把人民当家作主具体、现实体现到国家政治生活和社会生活各方面,才能巩固和发展生动活泼、安定团结的政治局面;法治是中国式现代化的重要保障,只有全面贯彻实施宪法,协同推进立法、执法、司法、守法各环节改革,全面推进国家各方面工作法治化,才能在法治轨道上全面建设社会主义现代化国家;中国式现代化是物质文明和精神文明相协调的现代化,只有增强文化自信,加快适应信息技术迅猛发展新形势,激发全民族文化创新创造活力,才能为强国建设、民族复兴注入强大精神力量;在发展中保障和改善民生是中国式现代化的重大任务,只有坚持尽力而为、量力而行,解决好人民最关心最直接最现实的利益问题,不断满足人民对美好生活的向往,才能扎实推进共同富裕;中国式现代化是人与自然和谐共生的现代化,只有完善生态文明制度体系,协同推进降碳、减污、扩绿、增长,加快完善落实绿水青山就是金山银山理念的体制机制,才能建设美丽中国、谱写新时代生态文明建设新篇章。

现代化的历史进程表明,发展和安全是一体之两翼、驱动之双轮,需要统筹兼顾、同步推进,实现动态平衡、相得益彰。必须深刻认识到,国家安全是中国式现代化行稳致远的重要基础,只有全面贯彻总体国家安全观,完善维护国家安全体制机制,实现高质量发展和高水平安全良性互动,才能切实保障国家长治久安;国防和军队现代化是中国式现代化的重要组成部分，只有坚持党对人民军队的绝对领导，深入实施改革强军战略，才能为如期实现建军一百年奋斗目标、基本实现国防和军队现代化提供有力保障。

全面深化改革是一场深刻而全面的社会变革，也是一项复杂的系统工程。认真学习贯彻党的二十届三中全会精神，紧紧围绕推进中国式现代化进一步全面深化改革，运用好系统观念这一具有基础性的思想和工作方法，更加注重系统集成，形成推进改革的合力，真抓实干、善作善成，中国式现代化就一定能劈波斩浪、行稳致远。

（《人民日报》2024年7月24日第1版）

· 上 篇 ·

更加注重改革实效，以钉钉子精神抓好改革落实
——论学习贯彻党的二十届三中全会精神

人民日报评论员

"更加注重改革实效""以钉钉子精神抓好改革落实"，党的二十届三中全会审议通过了《中共中央关于进一步全面深化改革、推进中国式现代化的决定》，科学谋划了围绕中国式现代化进一步全面深化改革的总体部署，强调"全党上下要齐心协力抓好《决定》贯彻落实，把进一步全面深化改革的战略部署转化为推进中国式现代化的强大力量"。

"既当改革促进派、又当改革实干家"，新时代全面深化改革之所以取得历史性伟大成就，关键就在于以钉钉子精神抓部署、抓落实、抓督查。从中央层面总体设计、统筹协调、整体推进、督促落实，到各地区各部门明确任务、落实责任、倒排工期、压茬推进，再到有关部门深入督察，真刀真枪促进改革落地……全党上下把抓落实作为推进改革工作的重点，坚持一分部署、九分落实，抓铁有痕、踏石留印，确保改革稳步有序推进，许多领域实现历史性变革、系统性重塑、整体性重构。实践充分证明，有了好的决策、好的蓝图，关键在落实。只有抓好落实，才能推动改革不断取得新成效。

引领 为高质量发展提供强大动力

学习好贯彻好党的二十届三中全会精神是当前和今后一个时期全党全国的一项重大政治任务。要把思想和行动统一到习近平总书记重要讲话精神和党中央决策部署上来,坚决扛起抓改革的重大政治责任,增强推进改革的政治自觉。要深入学习领会全会精神,深刻领会和把握进一步全面深化改革的主题、重大原则、重大举措、根本保证,增强推进改革的思想自觉。要以钉钉子精神抓好改革落实,对党中央进一步全面深化改革的决策部署,全党必须求真务实抓落实、敢作善为抓落实,增强推进改革的行动自觉。

习近平总书记强调:"改革要重视谋划,更要抓好落实。要发扬钉钉子精神,树立和践行正确政绩观,察实情、出实招、求实效,坚决防止和克服形式主义,切忌搞徒有其表的形象工程、劳民伤财的政绩工程。"要深刻认识到,抓落实,是党的政治路线、思想路线、群众路线的根本要求,也是衡量领导干部党性和政绩观的重要标志。要制定好实施方案,做到精准施策、适时适度,尽力而为、量力而行,切忌脱离实际。要坚持稳中求进工作总基调,坚持解放思想、实事求是、与时俱进、求真务实。要加强组织领导,激励干部开拓进取、干事创业,确保党中央改革决策部署见到实效。

共识是奋进的动力,进一步全面深化改革必须增进共识。要充分调动全党全国人民积极性、主动性、创造性,心往一处想、劲往一处使。"人民群众不仅是浩瀚的力量之海,也是浩瀚的智慧之海。"要大兴调查研究,走好群众路线,问需、问计于民,尊重基层和群众首创精神,注重从老百姓急难愁盼中找准改革发力点和突破口,增强群众获得感、认同度。要坚持发扬民主、集思广益,增强改革决策科学性和改革落实执行力。充分调动各方面改革积极性,进一步凝聚改革共识,以实绩实效和人民群众满意度检验改革,就一定能形成推进改革的强大合力。

新的起点，新的部署，新的出发。党的二十届三中全会吹响了以进一步全面深化改革开辟中国式现代化广阔前景的时代号角。更加紧密地团结在以习近平同志为核心的党中央周围，坚持以习近平新时代中国特色社会主义思想为指导，认真学习贯彻党的二十届三中全会精神，深刻领悟"两个确立"的决定性意义，坚决做到"两个维护"，高举改革开放旗帜，奋发有为，开拓进取，我们就一定能在推进中国式现代化的新征程上创造新的更大奇迹。

（《人民日报》2024年7月25日第1版）

> **引领** 为高质量发展提供强大动力

为中国式现代化提供强大动力和制度保障
——牢牢把握进一步全面深化改革的"六个必然要求"

人民日报评论部

今年5月,一列载有摩托车零配件的列车从重庆团结村站启程,经浙江宁波舟山港出海,踏上前往希腊比雷埃夫斯港的旅程。受益于多式联运"一单制"改革,货主无需分别对接公路、铁路和海运三方,货物无需二次倒运换装,实现"一次托运、一次计费、一份单证、一次结费",运输总耗时减少了将近一周,物流成本大幅降低。

多式联运"一单制"不仅为经营主体带来了实实在在的获得感,还推动交通物流提质增效升级,更好实现"人畅其行,物畅其流",提高市场的运行效率。用改革的方式实现制度微创新,撬动市场大变化,生动诠释着改革与制度建设的深刻关联。

党的二十届三中全会《决定》科学谋划了围绕中国式现代化进一步全面深化改革的总体部署。《决定》提出的"六个必然要求",深刻阐明进一步全面深化改革的重要性和必要性,其中排在首位的就是"这是坚持和完善中国特色社会主义制度、推进国家治理体系和治理能力现代化的必然要求"。从"全面深化改革"到"进一步全面深化改革",总目标增加"继续"二字,说明"实践续篇""时代新篇"就是要着力破除深层次体制机制障碍和结构性矛盾,不断彰显中国特色社会主义制度优势，为中国式现代化注入强劲动力、提供有力制度保障。

习近平总书记强调："中国的改革是中国特色社会主义制度的自我完善和发展。"这一重要论述深刻阐明了改革和制度建设之间的关系。任何一项改革，都是对制度的调整、治理的创新，最终都要以制度形式固定延续下来。《决定》提出300多项重要改革举措，都是涉及体制、机制、制度层面的内容。无论是"实现资源配置效率最优化和效益最大化"，还是"健全因地制宜发展新质生产力体制机制"，抑或是"加快完善落实绿水青山就是金山银山理念的体制机制"，要让各方面体制、机制、制度更好与中国式现代化相适应，就必须继续把改革推向前进，在改革过程中完成建章立制、构建体系的任务。

坚持以制度建设为主线，是新时代全面深化改革的宝贵经验，是进一步全面深化改革必须贯彻的一个重大原则。"一张清单"激发市场活力，2018年我国开始全面实施市场准入负面清单制度，新增经营主体如雨后春笋般涌现；"一水共护"照见生态改善，新安江流域启动跨省流域生态补偿改革试点，让青山有价、绿水含金；"一网通办"重塑治理流程，推动政务流程优化、简化、互联网化，实现政务服务从"人工"到"智能"的跨越……在革除弊端中激发活力，在解决问题中提升效率，充满生机活力的制度体系加快形成。新时代以来，以习近平同志为核心的党中央把制度建设和治理能力建设摆到更加突出的位置，各领域基础性制度框架基本确立，许多领域实现历史性变革、系统性重塑、整体性重构，推动中国特色社会主义制度更加成熟更加定型。

习近平总书记强调，"推进中国式现代化是一个探索性事业，还有许多未知领域，需要我们在实践中去大胆探索，通过改革创新来推动事业发展"。与推进中国式现代化的更高要求相比，从全面建成社会主义现代化强国的宏伟目标来看，我国国家制度和国家治理体系还存在一些不适应的地方。完善中国特色社会主义制度是一个动态过程，必然随着实践发展而不断发展，已有制度需要不断健全，新领域新实践需要推进制度创新、填补制度空白。坚持和完善中国特色社会主义制度、推进国家治理体系和治理能力现代化，就必须以更大的勇气和智慧进一步全面深化改革，加强顶层设计、总体谋划，破立并举、先立后破，筑牢根本制度，完善基本制度，创新重要制度，推动各方面制度有机衔接、系统集成、协同高效，不断把我国制度优势更好转化为国家治理效能，更好支撑和服务中国式现代化。

制度优势是一个政党、一个国家的最大优势。站在进一步全面深化改革的新起点上，以钉钉子精神抓好改革落实，把《决定》谋划的改革任务落到实处，将深化改革与制度建设有机结合起来，定能以"中国之制"的新优势推动"中国之治"迈向新境界。

（《人民日报》2024年7月29日第5版）

·上 篇·

贯彻新发展理念，发挥改革的推动作用
——牢牢把握进一步全面深化改革的"六个必然要求"

人民日报评论部

产销量同比分别增长30.1%和32%，前不久出炉的新能源汽车"半年报"，进一步展现了这一战略性新兴产业的蓬勃生机。

事业发展出题目，深化改革做文章。回望我国新能源汽车产业发展历程，持续优化市场环境"放水养鱼"，取消外资股比限制促进竞争，实施并两度优化新能源汽车"双积分"管理办法、促进传统车企加快新能源汽车量产步伐……一系列改革举措，不断打开国产新能源汽车发展新局面，也为绿色低碳出行提供有力支撑。向改革要动力、以改革添活力，我国新能源汽车产业的崛起，成为"通过全面深化改革推动落实新发展理念"的生动缩影。

党的二十届三中全会审议通过的《中共中央关于进一步全面深化改革、推进中国式现代化的决定》（以下简称《决定》）提出"六个必然要求"，深刻阐明进一步全面深化改革的重要性和必要性，其中一个重要方面就是"贯彻新发展理念、更好适应我国社会主要矛盾变化的必然要求"。牢牢把握这一必然要求，就要围绕形成有利于落实新发展理念的体制机制，加大改革力度，努力在增强创新能力、推动发展平衡、改善生态环境、提高开放水平、促进共享发展上取得新突破。

习近平总书记强调,"贯彻落实新发展理念,必须发挥改革的推动作用"。新理念的确立,总是同旧理念的破除相伴随的。贯彻落实新发展理念,涉及一系列思维方式、行为方式、工作方式的变革,涉及一系列工作关系、社会关系、利益关系的调整,需要通过改革的手段来实现。"构建支持全面创新体制机制""完善城乡融合发展体制机制""完善高水平对外开放体制机制""健全保障和改善民生制度体系""深化生态文明体制改革"……《决定》以新发展理念引领改革,将新发展理念贯穿于改革方案设计之中。只有继续把改革推向深入,通过改革通堵点、破难题、拓路径,才能为完整准确全面贯彻新发展理念提供体制机制保障,实现更高质量、更有效率、更加公平、更可持续、更为安全的发展。

发展理念是战略性、纲领性、引领性的东西,是发展思路、发展方向、发展着力点的集中体现。新发展理念集中反映了我们党对经济社会发展规律认识的深化,也是针对我国发展中的突出矛盾和问题提出来的。围绕贯彻新发展理念,全面深化改革从破解制约高质量发展的突出问题和关键环节入手,释放出蕴藏于亿万人民之中的巨大活力。完善青年创新人才发现、选拔、培养机制,健全保障科研人员专心科研制度,让科技创新活力不断迸发;健全推动西部大开发形成新格局、东北全面振兴取得新突破、中部地区加快崛起、东部地区加快推进现代化的制度和政策体系,让区域发展更加协调、更为均衡;落实生态保护红线管理制度,健全山水林田湖草沙一体化保护和系统治理机制,让生态系统稳定性和可持续性不断提升……破除与新发展理念不符的体制机制弊端,形成有利于新发展理念落实落地的制度环境,进一步全面深化改革才能不断破解发展难题、增强发展活力、厚植发展优势。

新时代,我国社会主要矛盾已经转化为人民日益增长的美好生活需要和不平衡不充分的发展之间的矛盾。解决我国社会主要矛盾,关键在于以新发展理念为引领推动高质量发展。习近平总书记指出:"当前,推动高质量发展面临的突出问题依然是发展不平衡不充分。"比如,创新能力不适应高质量发展要求,产业体系整体大而不强、全而不精,城乡区域发展和收入分配差距仍然较大,民生保障、生态环境保护仍存短板,等等。归结起来,这些问题都是社会主要矛盾变化的反映,是发展中的问题,必须进一步全面深化改革,从体制机制上推动解决。

我国发展走到今天,发展和改革高度融合,发展前进一步就需要改革前进一步,改革不断前进也能为发展提供强劲动力。既以新发展理念指导引领进一步全面深化改革,又通过深化改革为完整准确全面贯彻新发展理念提供体制机制保障,必能把我国发展的巨大潜力和强大动能充分释放出来,开创我国高质量发展新局面。

(《人民日报》2024年7月30日第5版)

引领 为高质量发展提供强大动力

坚持以人民为中心推进改革
——牢牢把握进一步全面深化改革的"六个必然要求"

人民日报评论部

外来务工人员较多的上海市闵行区，先后建起多个新时代城市建设者管理者之家，为环卫、快递等劳动者提供保障性租赁住房；户籍老年人口占比超四成的普陀区，搭建智慧助餐系统，老年人在全区任何一家长者食堂就餐，都能"一网结算""一卡通吃"；高楼林立的静安区，建设"美丽街区"时采纳市民建议，对承载记忆的石库门"修旧如旧"……上海各区因地制宜推改革、抓落实，人民群众的获得感、幸福感、安全感不断增强，这是坚持人民至上谋划和推进改革的生动缩影。

党的二十届三中全会《决定》提出"六个必然要求"，深刻阐明进一步全面深化改革的重要性和必要性，其中一个重要方面就是"坚持以人民为中心、让现代化建设成果更多更公平惠及全体人民的必然要求"。这充分彰显了我们党的性质宗旨、初心使命，充分体现了习近平新时代中国特色社会主义思想的世界观和方法论。学习好贯彻好党的二十届三中全会精神，必须坚持人民至上，从人民整体利益、根本利益、长远利益出发谋划和推进改革。

抓改革、促发展，归根到底就是为了让人民过上更好的日子。随着我国经济社会持续发展和人民生活水平不断提高,人民群众对民主、法治、公平、正义、安全、环境等方面的需要日益增长。犹记党的十八大后,习近平总书记用10个"更"字,描述人民群众的新期盼。积极回应人民群众新要求新期待,就要坚持目标导向和问题导向相结合,系统研究谋划和解决人民群众反映强烈的突出问题。比如,政府和市场的关系尚未完全理顺,城乡区域发展和收入分配差距仍然较大,民生保障、生态环境保护仍存短板,等等。归结起来,这些问题都是社会主要矛盾变化的反映,是发展中的问题,必须进一步全面深化改革,从体制机制上推动解决。

民心所盼,改革所向,为了人民而改革,改革才有意义。新时代以来,改革的力度,不断转化为民生的温度。如今,我国建成世界最大规模高等教育体系,高等教育进入普及化阶段;2023年末,全国参加基本养老保险人数达10.66亿,基本医疗保险参保率稳定在95%以上;人均预期寿命提高到78.2岁……丰硕的改革发展成果,记录着全面深化改革造福人民的温暖步伐。《决定》以促进社会公平正义、增进人民福祉为出发点和落脚点,提出"完善收入分配和就业制度""健全社会保障体系""推动人的全面发展、全体人民共同富裕取得更为明显的实质性进展"等一系列重大改革举措,充分彰显了人民是进一步全面深化改革的逻辑起点、价值旨归。

依靠人民而改革,改革才有动力。没有人民支持和参与,任何改革都不可能取得成功。习近平总书记指出:"改革开放在认识和实践上的每一次突破和深化,改革开放中每一个新生事物的产生和发展,改革开放每一个领域和环节经验的创造和积累,无不来自亿万人民的智慧和实践。"应该看到,中国式现代化是人口规模巨大的现代化,规模最大,难度也最大。大有大的难处,再大的成就除以14亿都会变得很小,再小的问题乘以14亿都会变得很大。大也有大的优势,再大的困难除以 14 亿必将被克服；再微小的改善乘以 14 亿，也必将汇聚成巨大进步。进一步全面深化改革，必须尊重人民主体地位和首创精神。集众智，汇众力，所有人拧成一股绳去干事创业，中国式现代化事业必将不断向前推进。

中国式现代化，民生为大。进一步全面深化改革，人民至上。试点机动车行驶证电子化，实行摩托车登记"一证通办"，消费者权益保护法实施条例对大数据"杀熟"、"自动续费"等问题进行规范治理……7 月以来，又一批新规开始施行，改革便民、惠民、利民，永远在路上。把牢价值取向，坚持以人民为中心推进改革，以实绩实效和人民群众满意度检验改革，必将让现代化建设成果更多更公平惠及全体人民。

（《人民日报》2024 年 7 月 31 日第 5 版）

· 上 篇 ·

用完善的制度防范化解风险、有效应对挑战
——牢牢把握进一步全面深化改革的"六个必然要求"

人民日报评论部

一束激光,变身"最快的刀、最准的尺、最亮的光"。三维五轴激光切割机,被广泛应用于汽车船舶、机械制造、航空航天等领域,也是国外对我国实行长期封锁的战略设备。2020年起,华工科技等企业展开多领域多学科交叉的协同创新,最终实现三维五轴激光切割机的自主研发与国产替代。

在湖北武汉"中国光谷",这样的创新不断涌现。围绕关键核心技术攻关,加强科技创新和产业创新深度融合,改革之力不断推动攻克"卡脖子"难题,制造大国迈向制造强国的步履更加稳健。

党的二十届三中全会《决定》提出继续把改革推向前进的"六个必然要求",其中一个重要方面就是"应对重大风险挑战、推动党和国家事业行稳致远的必然要求"。学习贯彻好全会精神,就要始终将改革开放作为战胜风险挑战、打开崭新局面的活力之源、重要法宝、必由之路,在风云变幻中赢得主动,在狂风骤雨中站稳脚跟,把我国发展进步的命运牢牢掌握在自己手中。

"安而不忘危,存而不忘亡,治而不忘乱""不困在于早虑,不穷在于早豫"……习近平总书记多次强调要增强忧患意识,做到居安思

危。应该清醒认识到,推进中国式现代化是一项全新的事业,前进道路上必然会遇到各种矛盾和风险挑战。特别是当前世界百年未有之大变局加速演进,局部冲突和动荡频发,全球性问题加剧,来自外部的打压遏制不断升级,我国发展进入战略机遇和风险挑战并存、不确定难预料因素增多的时期,各种"黑天鹅""灰犀牛"事件随时可能发生。风险挑战,是逃避不了、回避不了、躲避不了的。有效应对这些风险挑战,在日趋激烈的国际竞争中赢得战略主动,需要我们进一步全面深化改革,用完善的制度防范化解风险、有效应对挑战,在危机中育新机、于变局中开新局。

越是伟大的事业,越是充满挑战,越需要向改革要动力、向开放要活力。新时代以来,面对世所罕见、史所罕见的风险挑战,以习近平同志为核心的党中央以前所未有的决心和力度开启了气势如虹、波澜壮阔的改革进程,在有效应对风险挑战中推动中国号航船劈波斩浪、砥砺前行。面对国内外环境之变,围绕构建新发展格局谋划改革举措,为畅通经济循环提供制度支撑;面对资源环境约束,建立生态文明制度体系,推动中国成为全球绿色发展的引领者……一次次运用制度力量激活发展潜力、应对风险挑战,表明只有不断深化改革,才能突破瓶颈、打破束缚,集聚起攻坚克难、战胜各种艰难险阻的强大势能。这是我们打好化险为夷、转危为机的战略主动战,进而推动事业不断发展的宝贵经验。

发展是应对风险挑战的基石。只有通过深化改革不断解放和发展生产力,增强国家的经济实力、科技实力和综合国力,才能为应对各种风险挑战提供坚实的物质基础。《决定》聚焦经济社会发展各领域提出了300多项重要改革举措,把这些改革举措落到实处,将不断激发和增强社会活力,以高质量发展为高水平安全夯实基础。

制度是应对风险挑战的保障。"建立产业链供应链安全风险评估和应对机制""健全重大技术攻关风险分散机制""筑牢有效防控系统性风险的金融稳定保障体系"……《决定》提出的很多改革举措直接涉及风险防控,直面问题、解决问题的体制机制设计不胜枚举。更好完成建章立制的任务、筑牢制度堤坝,就能下好防患于未然的先手棋,备好解决问题的高招,提高应对各种风险挑战的预见性、有效性。

"新时代新征程上,要开创中国式现代化建设新局面,仍然要靠改革开放。"习近平总书记的话语掷地有声。面对新形势新任务新挑战,保持"不畏浮云遮望眼"的清醒,锤炼"乱云飞渡仍从容"的定力,激发"越是艰险越向前"的干劲,将改革进行到底,我们定能经受住一次次压力测试,不断打开事业发展新天地。

(《人民日报》2024年8月1日第5版)

引领 为高质量发展提供强大动力

深化改革开放　赢得战略主动
——牢牢把握进一步全面深化改革的"六个必然要求"

人民日报评论部

中欧班列"跑"出新纪录！今年 7 月，中欧班列本年累计开行数破万列，较去年提前 19 天，呈现量质齐升的良好态势。从加强口岸建设，提升通关效率，到推动公铁、海铁等多式联运，降低物流成本，再到促进规则标准衔接，拓展运输服务网络，多年来，中欧班列不仅让越来越多的"中国好货"以更快速度、更低运费走出国门，也为八方客商进入中国市场开辟贸易新通道。满载发展机遇的"黄金列车"，是我国扩大高水平对外开放的一个缩影，成为坚定践行人类命运共同体理念的生动写照。

党的二十届三中全会《决定》提出继续把改革推向前进的"六个必然要求"，其中一个重要方面就是"推动构建人类命运共同体、在百年变局加速演进中赢得战略主动的必然要求"。这一判断彰显全球眼光、大国担当。学习贯彻好全会精神，必须坚持对外开放基本国策，坚持以开放促改革，依托我国超大规模市场优势，在扩大国际合作中提升开放能力，建设更高水平开放型经济新体制。

以开放促改革、促发展，是我国现代化建设不断取得新成就的重要法宝。坚持对外开放基本国策，为我国成为世界第二大经济体、制造业第一大国、货物贸易第一大国、外汇储备第一大国打下坚实基础。可以说，改革开放激活了中国发展的澎湃春潮，未来中国经济实现高质量发展也必须在更加开放的条件下进行。从"稳步扩大制度型开放"，到"深化外商投资和对外投资管理体制改革"，再到"完善推进高质量共建'一带一路'机制"，继续破除阻碍对外开放的体制机制障碍，必将为经济社会发展注入新动力、增添新活力、拓展新空间，塑造我国参与国际合作和竞争的新优势。

中国式现代化是走和平发展道路的现代化，既造福中国人民，又促进世界各国现代化。推动建设开放型经济新体制，从门类齐全的"世界工厂"成为商机无限的"世界市场"；建立以合作共赢为核心的新型国际关系，巩固拓展全球伙伴关系网络，中国特色大国外交深入推进；高质量共建"一带一路"成果丰硕，人类命运共同体、三大全球倡议赢得广泛共鸣，全人类共同价值收获普遍共识……新时代改革开放，顺应了中国人民要发展、要创新、要美好生活的历史要求，契合了世界各国人民要发展、要合作、要和平生活的时代潮流。改革开放不仅深刻改变中国，也造福世界。事实充分印证，改革开放是中国和世界共同发展进步的伟大历程。

习近平总书记指出："中国对外开放，不是要一家唱独角戏，而是要欢迎各方共同参与；不是要谋求势力范围，而是要支持各国共同发展；不是要营造自己的后花园，而是要建设各国共享的百花园。"面对逆全球化、贸易保护主义沉渣泛起，中国坚定不移以合作促发展，以合作谋共赢，让发展成果更多更公平地惠及各国，推动经济全球化朝着更加开放、包容、普惠、均衡的方向发展。进一步全面深化改革的中国，将为全球经济发展提供更多机遇，为推动构建人类命运共同体贡献更多智慧和力量。

当前，新一轮科技革命和产业变革深入发展，深刻影响着经济社会发展方式、国际竞争范式和世界政治经济格局走势，我国发展进入战略机遇和风险挑战并存、不确定难预料因素增多的时期。扩大高水平对外开放，就要把《决定》各项决策部署落到实处，稳步扩大规则、规制、管理、标准等制度型开放，着力营造市场化、法治化、国际化一流营商环境。有效增强国内国际两个市场两种资源的联动效应，我们才能以开放的主动赢得发展的主动、竞争的主动。

世界好，中国才会好；中国好，世界会更好。新时代新征程，推动构建人类命运共同体，践行全人类共同价值，坚定站在历史正确的一边、站在人类文明进步的一边，统筹把握国内国际两个大局，以扩大开放促进深化改革、以深化改革促进扩大开放，定能写好推进中国式现代化的时代新篇，为世界现代化注入强大动力。

(《人民日报》2024年8月2日第5版)

·上 篇·

建设更加坚强有力的马克思主义政党
——牢牢把握进一步全面深化改革的"六个必然要求"

人民日报评论部

　　党的历史上第一份反腐文件、井冈山斗争时期红军战士写在包袱皮上的"六项注意"、文字版的《十八届中央政治局关于改进工作作风、密切联系群众的八项规定》……在中国共产党历史展览馆，一件件珍贵的文物实物、一份份翔实的档案资料，生动展示了我们党如何在自我革命中成长、发展和壮大，引导前来参观学习的党员、干部不断增强政治定力、纪律定力、道德定力、抵腐定力，把纪律规矩转化为政治自觉、思想自觉、行动自觉。

　　全面建设社会主义现代化国家、全面推进中华民族伟大复兴，关键在党。党的二十届三中全会《决定》提出"六个必然要求"，深刻阐明进一步全面深化改革的重要性和必要性，其中一个重要方面就是"深入推进新时代党的建设新的伟大工程、建设更加坚强有力的马克思主义政党的必然要求"。党的领导是进一步全面深化改革、推进中国式现代化的根本保证。学习好贯彻好全会精神，就要保持以党的自我革命引领社会革命的高度自觉，坚持用改革精神和严的标准管党治党，完善党的自我革命制度规范体系，不断推进党的自我净化、自我完善、自我革新、自我提高，确保党始终成为中国特色社会主义事业的坚强领导核心。

坚持用改革精神和严的标准管党治党,是筑牢马克思主义政党长期执政地位的强大支撑。进一步全面深化改革、推进中国式现代化,必须不断提高党的领导水平,切实加强和改进党的建设。必须清醒认识到,党面临的"四大考验""四种危险"将长期存在,全面从严治党永远在路上。新征程上,要完成以中国式现代化全面推进强国建设、民族复兴伟业这一中心任务,就必须继续把改革推向前进,时刻保持解决大党独有难题的清醒和坚定,把党建设成为始终走在时代前列、人民衷心拥护、勇于自我革命、经得起各种风浪考验、朝气蓬勃的马克思主义执政党。

治国必先治党,党兴才能国强。从深化纪检监察体制改革,构建集中统一、权威高效的国家监察体系;到修订出台《中国共产党纪律处分条例》等制度规范,进一步扎紧制度的"篱笆";再到把巡视作为党内监督战略性制度安排,利剑高悬,震慑常在……新时代以来,我们党坚持用改革精神和严的标准管党治党,以前所未有的勇气和定力打出一套自我革命的"组合拳",有力解决了落实党的领导弱化、虚化、淡化问题,推动横向到边、纵向到底的党的领导制度体系更加成熟定型,使党在革命性锻造中变得更加坚强有力。在以习近平同志为核心的党中央坚强领导下,党的政治领导力、思想引领力、群众组织力、社会号召力不断增强,推动全面深化改革取得历史性成就,许多领域实现历史性变革、系统性重塑、整体性重构。

党和人民的事业发展到什么阶段,党的建设就要推进到什么阶段。"坚持党中央对进一步全面深化改革的集中统一领导""深化党的建设制度改革""深入推进党风廉政建设和反腐败斗争"……《决定》专门用一个部分就"提高党对进一步全面深化改革、推进中国式现代化的领导水平"作出系统部署,充分体现了持之以恒推进全面从严治党的坚定和清醒。我们要贯彻落实全会精神，深化党的建设制度改革，健全全面从严治党体系，把党的领导贯穿改革各方面全过程，确保改革始终沿着正确政治方向前进。

成其身而天下成，治其身而天下治。深入推进新时代党的建设新的伟大工程，充分发挥党总揽全局、协调各方的领导核心作用，开新局于伟大的社会革命，强体魄于伟大的自我革命，进一步全面深化改革一定能蹄疾步稳，中国式现代化一定能阔步向前。

（《人民日报》2024年8月5日第5版）

引领 为高质量发展提供强大动力

紧扣推进中国式现代化
——牢牢把握进一步全面深化改革的主题

人民日报评论部

在广东广州，南沙国际物流中心冷链项目成为支撑广州跨境电商进出口的"超级冰箱"。巴西的带鱼、越南的巴沙鱼、厄瓜多尔的白虾……美味海鲜漂洋过海汇聚于此，再奔向百姓餐桌。从"吃鱼自由"，到购销两旺，再到"买卖全球"，"一尾活鱼"激荡改革浪花，见证发展进程。

改革开放只有进行时，没有完成时。习近平总书记深刻指出，"进一步全面深化改革，要锚定完善和发展中国特色社会主义制度、推进国家治理体系和治理能力现代化这个总目标，紧扣推进中国式现代化"。党的二十届三中全会构建了进一步全面深化改革、推进中国式现代化的"四梁八柱"，绘就了气势恢宏而又清晰具体的改革蓝图，释放出坚定不移高举改革开放旗帜的强烈信号。

围绕党的中心任务谋划和部署改革，是党领导改革开放的成功经验。党的十一届三中全会是划时代的，开启了改革开放和社会主义现代化建设新时期。党的十八届三中全会也是划时代的，开启了新时代全面深化改革、系统整体设计推进改革新征程，开创了我国改革开放全新局面。从"落后时代"到"赶上时代"再到"引领时代"，中国人民在党的坚强领导下，依靠自己的辛勤和汗水书写了国家和民族发展的壮丽史诗。特别是党的十八大以来，以习近平同志为核心的党中央团结带领亿万人民敢于突进深水区，敢于啃硬骨头，敢于涉险滩，敢于面对新矛盾新挑战，把一个个"不可能"变成了"一定能"，为中国式现代化注入强劲动力。

改革是发展的动力。党的二十大确立了新时代新征程党的中心任务，对推进中国式现代化作出战略部署。习近平总书记强调："要把这些战略部署落到实处，把中国式现代化蓝图变为现实，根本在于进一步全面深化改革，不断完善各方面体制机制，扫除各种障碍，源源不断为中国式现代化激发活力、增添动力。"进一步全面深化改革，这既是党的十八届三中全会以来全面深化改革的实践续篇，也是新征程推进中国式现代化的时代新篇。进一步全面深化改革必须紧紧围绕推进中国式现代化来谋划和展开，确保目标明确、有的放矢。

众力并则万钧举，人心齐则泰山移。推进中国式现代化是新征程上凝聚全党全国人民智慧和力量的旗帜，也必然是进一步全面深化改革的主题。回首来时路，我们披荆斩棘，走过万水千山，书写了波澜壮阔的历史，创造了"当惊世界殊"的奇迹。今天，以发展强底气，以奋进壮骨气，以斗争扬志气，中国人民更加自信、自立、自强。在全面建设社会主义现代化国家新征程上，着眼中心任务，用好重要法宝，唤起众人拾柴的心劲，凝聚无坚不摧的伟力，就能不断解放和发展社会生产力、激发和增强社会活力，让中国式现代化道路越走越宽广。

推进中国式现代化，是一项前无古人的开创性事业，必然会遇到大量从未出现过的全新课题、遭遇各种艰难险阻、经受许多风高浪急甚至惊涛骇浪的重大考验。当前世界之变、时代之变、历史之变正以前所未有的方式展开，我国发展进入战略机遇和风险挑战并存、不确定难预料因素增多的时期，各种"黑天鹅""灰犀牛"事件随时可能发生。动真格、敢碰硬，进一步全面深化改革，用完善的制度防范化解风险、有效应对挑战，才能在危机中育新机、于变局中开新局，在日趋激烈的国际竞争中赢得战略主动。

改革永远在路上。河北雄安新区，"雄才十六条"吸引高端人才纷纷落户，京雄政务服务同城化加快推进，发展动能持续释放。南海之滨，海南自由贸易港进入封关运作攻坚期，没有现成经验可循，各部门把制度集成创新摆在突出位置，努力闯出一条新路来。紧扣推进中国式现代化，将改革进行到底，我们必能披荆斩棘、一往无前，创造新的更大奇迹。

(《人民日报》2024年8月6日第5版)

· 上 篇 ·

为推动高质量发展提供强大动力
——牢牢把握进一步全面深化改革的主题

人民日报评论部

近期,一家科技公司突破了电池金属双极板的性能瓶颈,赢得高功率氢燃料电池出口订单。研发需要高投入,仅试验所需的扫描电镜、原子探针等设备就要数千万元,企业是如何解决问题的?原来,这家公司在当地"揭榜挂帅"平台发布研发需求,最终在高校科研团队帮助下,迅速跨越了从研发到量产的创新周期。加快科技体制改革,创新"揭榜挂帅"等科技项目组织管理模式,推动更多科技成果转化为现实生产力,才能让高质量发展成色越来越足。

新时代,我国社会主要矛盾已经转化为人民日益增长的美好生活需要和不平衡不充分的发展之间的矛盾。继续把改革推向前进,正是推动高质量发展、更好适应我国社会主要矛盾变化的迫切需要。党的二十届三中全会《决定》就"健全推动经济高质量发展体制机制"作出专门部署,明确提出"必须以新发展理念引领改革,立足新发展阶段,深化供给侧结构性改革,完善推动高质量发展激励约束机制,塑造发展新动能新优势"。着眼未来,只有进一步全面深化改革,才能为以高质量发展全面推进中国式现代化提供强大动力。

高质量发展是全面建设社会主义现代化国家的首要任务,关系我国社会主义现代化建设全局。从中国空间站全面建成到C919大飞机实现商业运营,从雄安新区拔地而起到海南自贸港打开开放新局面,从生态补偿机制推动环境修复到河湖长制促进河湖"长治"……党的十八大以来,在以习近平同志为核心的党中央坚强领导下,我国高质量发展取得明显成效,成为经济社会发展的主旋律。实践证明,推动高质量发展是遵循经济发展规律、保持经济持续健康发展的必然要求,是适应我国社会主要矛盾变化、解决发展不平衡不充分问题的必然要求,是有效防范化解各种重大风险挑战、以中国式现代化全面推进中华民族伟大复兴的必然要求。

推进中国式现代化是一项全新的事业,必须把坚持高质量发展作为新时代的硬道理,让发展的步伐走得更坚实、更有力量、更见神采、更显底气。改革是由问题倒逼而产生,又在不断解决问题中而深化。当前,推动高质量发展面临的突出问题依然是发展不平衡不充分。比如,市场体系仍不健全,创新能力不适应高质量发展要求,产业体系整体大而不强、全而不精,农业基础还不稳固,城乡区域发展和收入分配差距仍然较大,民生保障、生态环境保护仍存短板,等等。这些问题都是社会主要矛盾变化的反映,是发展中的问题,必须进一步全面深化改革,从体制机制上推动解决。

习近平总书记强调,"要突出问题导向,着力解决制约构建新发展格局和推动高质量发展的卡点堵点问题"。以科技体制改革为例,职务科技成果赋权改革突破"部分赋权"限制,试点赋予科研人员职务科技成果所有权或长期使用权,充分释放科研人员的创新活力。目前,复旦大学、上海交通大学等6所上海高校院所已完成试点任务,675项成果完成赋权实施,转化金额达10.66亿元。直面问题、破解难题,才能切实增强改革的针对性、实效性。强化问题意识、突出问题导向,既继续在全面上下功夫,使改革举措全面覆盖推进中国式现代化需要解决的突出问题,又持续在深化上用实劲,着力破除深层次体制机制障碍和结构性矛盾,就能为推动高质量发展提供强大动力。

综合立体交通网总里程超过600万公里,国内发明专利有效量达442.5万件,风电、光伏发电累计装机超过11亿千瓦……一项项成就,标注高质量发展坚实步伐。以改革到底的坚强决心进一步全面深化改革,我们必能不断开创高质量发展新局面,不断赢得主动、赢得优势、赢得未来。

(《人民日报》2024年8月7日第5版)

引领 为高质量发展提供强大动力

突出重点，凸显改革引领作用
——牢牢把握进一步全面深化改革的主题

人民日报评论部

长295米、宽46.4米、总容积17.5万立方米……今年5月，大连船舶重工集团有限公司自主研制的首艘LNG运输船出坞。攻克相关核心技术，需要大量资金投入。得益于当地税务部门加快数字化服务改革，增值税留抵退税一天到账，大额出口退税资金实现日结，为企业缓解了研发费用之急。随着财税、金融、科技等重点领域改革不断深化，越来越多企业轻装上阵，增添了发展底气。

既抓重要领域、重要任务、重要试点，又抓关键主体、关键环节、关键节点，以重点带动全局，是新时代全面深化改革的一个重要方法。党的十八大以来，以习近平同志为核心的党中央紧紧围绕发展这个第一要务来部署各方面改革，改革全面发力、多点突破、纵深推进，许多领域实现历史性变革、系统性重塑、整体性重构。党的二十届三中全会《决定》更加注重突出重点，突出体制机制改革，突出战略性、全局性重大改革，突出经济体制改革牵引作用，凸显改革引领作用，为进一步全面深化改革、推进中国式现代化明确了重点任务、指出了主攻方向。

制度优势是一个国家赢得战略主动的重要优势。任何一项改革，都是对制度的调整、治理的创新，最终都要以制度形式固定延续下来。江苏按照"保护者受益、损害者赔偿"的原则，开展海洋生态补偿创新实践；海南三亚、保亭合作推进赤田水库流域综合治理，探索"成本共担、效益共享、合作共治"的跨区域生态补偿机制。系统总结各地实践经验制定形成的《生态保护补偿条例》于今年6月正式施行，发挥法治固根本、稳预期、利长远的作用，助力生态文明建设。事实证明，坚持把解决重大体制机制问题放在突出位置，着力破解深层次体制机制障碍，发挥改革的突破和先导作用，才能不断彰显中国特色社会主义制度优势，把制度优势更好转化为国家治理效能。

以中国式现代化全面推进强国建设、民族复兴伟业，是新时代新征程党和国家的中心任务。进一步全面深化改革，必须把重心放在事关中国式现代化具有战略性的重大改革举措上。《决定》锚定2035年基本实现社会主义现代化目标，重点部署未来五年的重大改革举措。前进道路上，我们要统筹全局、把握重点，着力解决制约构建新发展格局和推动高质量发展的卡点堵点问题、发展环境和民生领域的痛点难点问题、有悖社会公平正义的焦点热点问题。抓好改革落实工作，必须抓住主要矛盾和矛盾的主要方面，从现实需要出发，从最紧迫的事情抓起，突出重点、精准发力，解决好人民群众最关心最直接最现实的利益问题。

习近平总书记强调："深化经济体制改革仍是进一步全面深化改革的重点，主要任务是完善有利于推动高质量发展的体制机制，塑造发展新动能新优势，坚持和落实'两个毫不动摇'，构建全国统一大市场，完善市场经济基础制度。"紧紧扭住解放和发展社会生产力，深化经济体制改革，就能为其他各方面改革提供强大推动，影响其他各个方面改革相应推进。我们要在重点推进经济体制改革的同时，统筹推进教育科技人才、政治、法治、文化、社会、生态、国家安全和党的建设领域的改革，实现纲举目张，为推进中国式现代化持续注入强劲动力。

走过千山万水，仍需跋山涉水。进一步全面深化改革是一项系统工程，抓住牵一发而动全身的关键，才能带动全局突破。更加注重突出重点，发挥经济体制改革牵引作用，进一步解放和发展社会生产力、激发和增强社会活力，推动生产关系和生产力、上层建筑和经济基础、国家治理和社会发展更好相适应，我们一定能谱写新时代改革开放新篇章，把宏伟蓝图一步步变成美好现实。

（《人民日报》2024年8月8日第5版）

·上 篇·

坚持目标导向和问题导向相结合
——牢牢把握进一步全面深化改革的主题

人民日报评论部

对以往城市建设中存在的监控摄像头重复设置问题，河北雄安新区梳理各部门实际需求，依托"视频一张网平台"，实现了对摄像头的统一调配。城市治理更智能、更高效，背后是数据的联通、机制的变革。坚持问题导向推进改革，雄安新区朝着"没有'城市病'的未来之城"的目标阔步前行。

"坚持目标导向和问题导向相结合"，习近平总书记提出的这一明确要求，为进一步全面深化改革提供了科学方法指引。党的二十届三中全会《决定》重点部署未来五年的重大改革举措，强调"突出问题导向，在新的起点上推进理论创新、实践创新、制度创新、文化创新以及其他各方面创新"。坚持目标导向和问题导向相结合，突出改革举措的鲜明指向性，坚决破除妨碍推进中国式现代化的思想观念和体制机制弊端，着力破解深层次体制机制障碍和结构性矛盾，才能不断为中国式现代化注入强劲动力、提供有力制度保障。

心中有目标，脚下有方向。新时代以来，锚定完善和发展中国特色社会主义制度、推进国家治理体系和治理能力现代化这个全面深化改革总目标，以习近平同志为核心的党中央团结带领亿万人民开创了改革开放的全新局面。以加快构建新发展格局为目标，着力构建全国统一大市场，深化要素市场化改革；为办好人民满意的教育，加快义务教育优质均衡发展和城乡一体化，优化区域教育资源配置；致力于推进健康中国建设，深化医药卫生体制改革，促进医保、医疗、医药协同发展和治理……坚持目标引领，推动着改革不断走深走实。以咬定青山不放松的执着奋力实现既定目标，我们就能在新征程上不断创造新的更大奇迹。

推进改革的过程，就是不断发现问题、分析问题、解决问题的过程，"问题清单"亦是"改革清单"。聚焦发展不平衡不充分问题，深入实施区域协调发展战略；紧盯老百姓日常生活中的急难愁盼，完善网格化管理、精细化服务、信息化支撑的基层治理平台；面对逆全球化挑战，推动贸易和投资自由化便利化，推进双边、区域和多边合作……新时代以来，党和国家事业取得历史性成就、发生历史性变革，其中一条很重要的经验就是坚持问题导向，把解决实际问题作为打开工作局面的突破口。进一步全面深化改革是一项复杂的系统工程，推进中国式现代化是一项探索性事业。始终坚持问题导向，奔着问题去、盯着问题改，方能攻坚克难，不断为经济社会发展增动力、添活力。

目标导向和问题导向是有机统一的。习近平总书记强调，"要处理好目标引领和问题导向的关系"。进一步全面深化改革，既要以目标为着眼点，在统筹谋划、顶层设计上下功夫，以增强方向感、计划性；又要以问题为着力点，在补短板、强弱项上持续用力，以增强精准性、实效性。比如，瞄准"双碳"目标，加快推动发展方式绿色低碳转型，这是大方向；同时考虑现实问题，实现"双碳"目标不能脱离实际、急于求成，搞运动式"降碳"、踩"急刹车"，必须有一个循序渐进、先立后破的过程。进一步全面深化改革，要坚持目标导向和问题导向相结合，处理好当前和长远的辩证关系，既朝着目标坚定前行，也对可能出现的新情况新问题做好准备、妥善应对。

胸怀梦想的远征，尤需逢山开路的闯劲；前无古人的事业，呼唤锲而不舍的笃行。前进道路上，紧扣推进中国式现代化主题，坚持目标导向、问题导向，既善于积势蓄势谋势，又善于识变应变求变，我们就一定能推动改革不断取得新成效，共同谱写推进中国式现代化的时代新篇。

（《人民日报》2024年8月9日第5版）

引领 为高质量发展提供强大动力

聚焦构建高水平社会主义市场经济体制
——牢牢把握进一步全面深化改革的总目标

人民日报评论部

不久前,国家发展改革委有关负责人透露,将推动出台完善市场准入制度的意见,发布新版市场准入负面清单。从2016年试点时的328项缩减为2022年的117项,这张不断"瘦身"的清单,有力促进全国统一大市场的建设,成为"构建高水平社会主义市场经济体制"的生动注脚。

党的二十届三中全会《决定》锚定2035年基本实现社会主义现代化目标,重点部署未来五年的重大改革举措,提出的"七个聚焦",囊括了推进中国式现代化的战略重点,准确标定了进一步全面深化改革的主攻方向,其中排在首位的就是"聚焦构建高水平社会主义市场经济体制"。学习贯彻好全会精神,要把构建高水平社会主义市场经济体制摆在突出位置,充分发挥市场在资源配置中的决定性作用,更好发挥政府作用,坚持和完善社会主义基本经济制度,推进高水平科技自立自强,推进高水平对外开放,建成现代化经济体系,加快构建新发展格局,推动高质量发展,夯实全面建设社会主义现代化国家的物质基础。

习近平总书记强调,"深化经济体制改革仍是进一步全面深化改革的重点"。经济体制改革对其他方面改革具有重要影响和传导作用。增值税改革持续深化,留抵退税制度不断完善,减负政策的落地让更多科技企业勇攀创新高峰;结构性货币政策工具持续发力,绿色金融产品和服务不断扩容,金融供给的创新让更多产业逐"绿"前行;全面取消制造业领域外资准入限制措施,支持国内外机构合作创新,开放合作的扩大让更多经营主体实现全球配置资源……新时代的实践证明,牵住经济体制改革这个"牛鼻子",加快构建高水平社会主义市场经济体制,可以有力促进其他领域深层次矛盾的化解,为全面深化改革创造条件、提供动力。《决定》13个部分的分论中,涉及经济领域的就有6个部分,足见分量之重、成色之足。着眼改革全局,锚定关键领域,增强改革锐度,才能达到一子落而满盘活的效果。

在社会主义条件下发展市场经济,是我们党的一个伟大创举。揆诸以往,我国经济发展获得巨大成功的一个关键因素,就是我们既发挥了市场经济的长处,又发挥了社会主义制度的优越性。新能源汽车产业的迅速崛起,就是一个生动的例证。一方面,充分利用我国超大规模市场优势,推动动力电池等核心技术不断突破,持续完善产业链供应链;另一方面,前瞻性开展产业规划,推动公共充电设施加速普及,为产业创新发展培厚土壤。"看得见的手"和"看不见的手"各展其长、同向而行,一起书写了我国汽车产业"换道超车"的非凡故事。进一步全面深化改革,必须围绕处理好政府和市场的关系这一核心问题,深化经济体制改革,着力创造更加公平、更有活力的市场环境,同时更好维护市场秩序、弥补市场失灵,做到既"放得活"又"管得住"。

构建高水平社会主义市场经济体制,任重道远。高水平建设,往往意味着高难度,尤其难在冲破思想观念的障碍,难在突破利益固化的藩篱。当前,我国已经建立了比较完善的社会主义市场经济体制,但发展不平衡不充分的问题依然存在。比如，市场体系仍不健全，市场发育还不充分，产业体系整体大而不强、全而不精，城乡区域发展和收入分配差距仍然较大，等等。改革越是向纵深推进，触及的利益矛盾就越复杂，涉及的体制机制问题就越深层。面对新期待，应对新挑战，要敢于突进深水区，敢于啃硬骨头，敢于涉险滩。从现实需要出发，从最紧迫的事情抓起，进一步提升改革的实效性，在关键性基础性领域不断突破创新，才能推动社会主义市场经济体制不断完善、社会主义市场经济更好发展。

历史在砥砺前行中创造，辉煌在接续奋斗中铸就。新的改革蓝图已经绘就，坚持以习近平新时代中国特色社会主义思想为指导，坚定社会主义市场经济改革方向，突出经济体制改革牵引作用，更好带动其他领域改革落实落地，定能开辟中国式现代化广阔前景，将强国建设、民族复兴伟业不断推向前进。

（《人民日报》2024年8月12日第5版）

·上 篇·

聚焦发展全过程人民民主
——牢牢把握进一步全面深化改革的总目标

人民日报评论部

"这是一个了不起的制度。"今年4月,36个国家的驻华使节和外交官来到北京朝阳区南磨房乡立法联络站,了解中国全国人大常委会法工委基层立法联系点工作后,发出这样的感慨。

收集群众意见建议,直通国家立法机关,基层立法联系点的创立,生动展示了我国全过程人民民主丰富多彩的形式,深刻体现了社会主义民主的本质特征和显著优势。

党的二十届三中全会《决定》提出进一步全面深化改革的"七个聚焦",其中一个重要方面就是"聚焦发展全过程人民民主"。全过程人民民主是社会主义民主政治的本质属性,发展更加广泛、更加充分、更加健全的全过程人民民主是进一步全面深化改革的重要任务。学习好贯彻好党的二十届三中全会精神,必须扎实推进社会主义民主法治建设,推动人民当家作主制度更加健全、协商民主广泛多层制度化发展、中国特色社会主义法治体系更加完善,社会主义法治国家建设达到更高水平,更好为中国式现代化凝心聚力。

发展全过程人民民主是中国式现代化的本质要求。中国式现代化是在充分实现人民平等参与、平等发展权利基础上发展的。面对全面建设社会主义现代化国家的历史重任，必须进一步强化全过程人民民主的政治参与、国家治理、激励凝聚等各方面功能，使民主形态与自身现代化发展相适应、相契合，实现以民主促进国家发展、在国家发展基础上推进民主。

有完整制度体系保障的民主，才最可靠、最稳定。经过不懈奋斗，我们党带领人民建立并不断巩固完善包括国家根本政治制度、基本政治制度、重要政治制度在内的全过程人民民主制度体系。也要清醒看到，我国幅员辽阔、人口众多、国情复杂，要想把14亿多人民的意愿表达好、实现好，并不容易。

新时代以来，我国民主创新实践十分活跃，从民主恳谈会、民主听证会到党代表、人大代表、政协委员联合进社区，从"小院议事厅"到"线上议事群"，一个个充满烟火气的民主实现形式，让人民当家作主进一步落到实处。随着经济社会的发展、人民群众权利意识的增强、社会组织形式的变化，要着力增强改革的主动性，不断丰富各层级民主形式，把人民当家作主具体、现实体现到国家政治生活和社会生活各方面。

习近平总书记指出："民主不是装饰品，不是用来做摆设的，而是要用来解决人民需要解决的问题的。"好的民主满足人民需要，为人民造福，促进国家治理水平提升。

内蒙古包头市昆都仑区前进道街道青二十社区坚持党建引领，创新议事平台，引入相关社会组织、物管会、两新企业以及有专业特长的个人等，搭建"社区合伙人"顾问品牌库，更好满足居民养老、教育、旅游等各方面需求；浙江宁波市海曙区集士港镇的基层议事协商平台，推动建立社区居民自治服务站，众筹打造的"共享厨房"解决了上班族等社区居民的晚餐难题，日均吸引超百人就餐……实践证明，全过程人民民主是符合中国实际、解决中国问题的民主，是真正有效、管用的民主。围绕社会现实需求，聚焦群众急难愁盼，进一步提高制度化、规范化、程序化水平，全过程人民民主将彰显更为强大的生命力。

我们的改革是有方向、有立场、有原则的。我国全过程人民民主之所以行得通、有生命力、有效率，关键在于坚持党的领导、人民当家作主、依法治国有机统一。奋进新征程，必须坚定"四个自信"，坚持守正创新，努力把发展全过程人民民主提高到一个新的水平，将我国制度优势更好转化为国家治理效能。

民主是全人类的共同价值，是中国共产党和中国人民始终不渝坚持的重要理念。今天的中国，构建起覆盖960多万平方公里土地、14亿多人民、56个民族的民主体系，实现了最广大人民的广泛持续参与。中国的民主道路走得通、走得好，沿着这条道路坚定走下去，民主之树将根深叶茂、永远常青，中国的明天将更有活力、更加辉煌。

(《人民日报》2024年8月13日第5版)

引领 为高质量发展提供强大动力

聚焦建设社会主义文化强国
——牢牢把握进一步全面深化改革的总目标

人民日报评论部

实体店购买排长队、线上直播间秒空，近来，中国企业生产的时尚玩偶"拉布布"在泰国成为"顶流"。在免签利好政策加持下，还有不少泰国人来华购买。

不只是潮玩产品，从电视剧到电影，从网络文学作品到短视频，近年来，越来越多中国文化产品走红海外，彰显新时代文化事业、文化产业蓬勃发展的崭新气象，成为文化强国建设稳步推进的生动例证。

党的二十届三中全会《决定》提出"七个聚焦"，囊括了推进中国式现代化的战略重点，其中一个重要方面就是"聚焦建设社会主义文化强国"。中国式现代化是物质文明和精神文明相协调的现代化，既要通过经济体制改革，解放和发展社会生产力，实现物质富裕，也要通过文化体制改革，激发文化生命力、创造力，实现精神富足。新征程上，锚定总目标进一步全面深化改革，必须把建设社会主义文化强国摆到更加突出的位置，加快建立有利于优质文化服务和文化产品不断涌现的体制机制，持续丰富人民精神世界、增强人民精神力量。

习近平总书记指出："文化自信是一个国家、一个民族发展中最基本、最深沉、最持久的力量。"有文化自信的民族，才能立得住、站得稳、行得远。党的十八大以来，以习近平同志为核心的党中央从全局和战略高度，对宣传思想文化工作作出系统谋划和部署，推动新时代宣传思想文化事业取得历史性成就、发生历史性变革，中华文化绽放新的光芒，中国人民更加自信、自立、自强。面向新时代新征程，必须深刻认识到，文化自信来自于我们的文化主体性，要坚持"两个结合"，发展社会主义先进文化，弘扬革命文化，传承中华优秀传统文化，建设中华民族现代文明，同时构建更有效力的国际传播体系，不断提升国家文化软实力和中华文化影响力，从而在国际文化激荡中站稳脚跟。

越是物质富裕，人们的精神文化需求越是强烈。如今，新的信息技术迅猛发展，深刻改变了文化创作生产和传播消费方式。而且，随着文化素养、文化水准提高，人们对文化服务和文化产品质量的要求更高了。全国已建成公共图书馆超3300个，文化馆和博物馆超1万家；所有公共图书馆、文化馆（站）、美术馆、综合文化站和90%以上博物馆免费开放……新时代以来，覆盖城乡、便捷高效、保基本、促公平的现代公共文化服务体系加快构建，广大群众享受到更加充实、更为丰富、更高质量的精神文化生活。也必须清醒地看到，文化供给的主要矛盾已由"够不够"转向"好不好"，要加快适应信息技术迅猛发展新形势，推进文化体制机制全方位改革，推进工作理念、内容、形式、方法、手段全方位创新，更好满足群众精神文化新需求。

创新创造是文化的生命力，是文化繁荣兴盛的活力源泉。推动文化体制机制改革，建设社会主义文化强国，需要激发全民族文化创新创造活力。一方面，要健全符合文化领域特点、遵循人才成长规律的人才选拔、培养、使用机制，培育形成规模宏大的优秀文化人才队伍。另一方面，要营造良好的政策环境和文化生态，让文化创新源泉充分涌流。深化改革、完善政策、健全体制，才能形成不断出精品、出人才的生动局面，推动社会主义文化事业不断迈上新台阶。

文化关乎国本、国运，文化兴则国运兴，文化强则民族强。当今世界百年未有之大变局加速演进，文化越来越成为综合国力竞争的重要力量；中华民族伟大复兴进入关键时期，文化越来越成为强国建设、民族复兴的强大支撑。站在新的历史起点，坚定文化自信，秉持开放包容，坚持守正创新，持续深化文化体制机制改革，扎实推动文化事业、文化产业繁荣发展，定能创造属于我们这个时代的新文化，为全面推进中华民族伟大复兴提供更为主动、更为强大的精神力量。

(《人民日报》2024年8月14日第5版)

上 篇

聚焦提高人民生活品质
——牢牢把握进一步全面深化改革的总目标

人民日报评论部

跨省异地就医,参保人报销往往面临"跑腿""垫资"等难题。重庆大足区的兰云福,因工伤需定期到四川成都市治疗。以前,得先自己垫钱,再回到重庆报销,来回跑、周期长、花费多。今年4月,重庆启动工伤保险跨省异地就医直接结算试点,看病就方便多了,只要带社保卡就能入院,出院刷社保卡即可直接结算。

群众的难点痛点,就是改革的发力点。今年上半年,全国跨省异地就医直接结算惠及参保人员1.08亿人次,减少资金垫付918.53亿元,较2023年同期分别增长了124.69%、32.88%。一系列改革举措,有效改善了患者的就医体验,鲜明体现了改革的民生底色。

现代化的本质是人的现代化。党的二十届三中全会《决定》提出进一步全面深化改革的"七个聚焦",其中一个重要方面就是"聚焦提高人民生活品质"。在发展中保障和改善民生是中国式现代化的重大任务。学习好贯彻好全会精神,必须坚持以人民为中心推进改革,完善基本公共服务制度体系,加强普惠性、基础性、兜底性民生建设,解决好人民最关心最直接最现实的利益问题,让现代化建设成果更多更公平惠及全体人民。

引领 为高质量发展提供强大动力

习近平总书记指出，"为了人民而改革，改革才有意义"。抓改革、促发展，归根到底就是为了让人民过上更好的日子。改革越是深化，越要重视平衡社会利益；发展越是向前，越要体现到人民生活改善上。

新时代的改革，民生温度是重要的关键词。户籍制度改革让1.4亿农业转移人口落户城镇，个人所得税改革惠及2.5亿人，教育、医疗、养老、住房等领域改革不断增进人民福祉……站在人民立场上把握和处理好涉及改革的重大问题，从人民利益出发谋划改革思路、制定改革举措，让经济社会发展有了更澎湃的动力，让人民生活品质提升有了更坚实的基础。把牢进一步全面深化改革的价值取向，使改革更好对接发展所需、基层所盼、民心所向，就能紧紧依靠人民将改革推向前进，不断满足人民对美好生活的向往。

推进中国式现代化，实现全体人民共同富裕，归根到底要靠高质量发展。无论是增加城乡居民财产性收入，还是实现高质量充分就业，无论是加快建设分级诊疗体系，还是优化基本养老服务供给，都需要通过深化改革，不断解放和发展社会生产力，激发和增强社会活力，把"蛋糕"做大分好。

同时要看到，抓民生也是抓发展。持续改善民生的过程，就是增加就业、扩大内需、催生新的经济增长点的过程。从孩子的抚养教育到老年人的就医养老，从老旧小区改造到消费品以旧换新，更好满足人民群众多样化、高品质消费需求，能更好调动发展积极性，创造更多有效需求。全面把握发展和民生相互牵动、互为条件的关系，实现发展和民生有效对接、良性循环，才能让发展更有温度、民生保障更可持续。

时代在发展，人民群众的需求也在不断变化。随着经济社会持续发展和生活水平不断提高，人民群众对民主、法治、公平、正义、安全、环境等方面的要求日益增长。要顺应人民对高品质生活的新期待，紧紧围绕更好保障和改善民生、促进社会公平正义深化社会体制改革，确保发展前进一步、民生改善就跟进一步。同时，也不能脱离实际提出过高目标，而要根据经济发展和财力状况逐步提高人民生活品质。坚持尽力而为、量力而行，才能在兜牢民生底线的同时，推动人的全面发展、全体人民共同富裕取得更为明显的实质性进展。

中国式现代化，民生为大。顺应民心、尊重民意、关注民情、致力民生，给人民群众带来更多实实在在的利益，是改革的动力所在，也是改革的目标所向。进一步全面深化改革，坚持立党为公、执政为民的本质要求，以促进社会公平正义、增进人民福祉为出发点和落脚点，不断加大保障和改善民生力度，推出针对性更强、覆盖面更大、作用更直接、效果更明显的举措，定能更好书写中国式现代化的民生答卷，让人民群众的获得感成色更足、幸福感更可持续、安全感更有保障。

(《人民日报》2024年8月15日第5版)

引领 为高质量发展提供强大动力

聚焦建设美丽中国
——牢牢把握进一步全面深化改革的总目标

人民日报评论部

长江入海口、上海崇明岛东端，7500多公顷的东滩候鸟栖息地上，如今每年有百万只次候鸟过境、停留，这里是亚太地区候鸟迁徙路线的重要组成部分。不久前，第四十六届联合国教科文组织世界遗产委员会将黄（渤）海候鸟栖息地（第二期）的5处提名地扩展列入《世界遗产名录》，东滩就是其中之一。

开展大规模生态修复，在上海这样的国际化大都市为候鸟保留大片净土，体现了促进人与自然和谐共生的高度自觉，是建设美丽中国的生动实践。

中国式现代化是人与自然和谐共生的现代化。党的二十届三中全会《决定》提出进一步全面深化改革的"七个聚焦"，其中一个重要方面就是"聚焦建设美丽中国"。学习好贯彻好全会精神，必须把建设美丽中国摆在强国建设、民族复兴的突出位置，深化生态文明体制改革，加快经济社会发展全面绿色转型，健全生态环境治理体系，推进生态优先、节约集约、绿色低碳发展，筑牢中国式现代化的生态根基。

生态兴则文明兴。习近平总书记指出："生态环境没有替代品，用之不觉、失之难存，不仅关系经济发展质量，而且攸关每个人的生活品质。"党的十八大以来,以习近平同志为核心的党中央把生态文明建设作为关系中华民族永续发展的根本大计,开展了一系列开创性工作,决心之大、力度之大、成效之大前所未有,生态文明建设的成就举世瞩目,成为新时代党和国家事业取得历史性成就、发生历史性变革的显著标志。站在新的起点,牢固树立和践行绿水青山就是金山银山理念,坚持把深化改革和创新驱动作为基本动力,才能持续增强发展的潜力和后劲。

保护生态环境必须依靠制度、依靠法治。建立国家公园体制,让生物多样性保护水平不断提升;实施环境保护督察制度,让生态环境保护责任进一步落实;全面划定"三区三线",让国土空间格局持续优化……新时代以来,改革攻坚举措接连落地生效,生态文明制度建设蹄疾步稳,为建设美丽中国筑牢坚实基础。实践证明,实行最严格的制度、最严密的法治,才能为生态文明建设提供可靠保障。

成效有目共睹,但也要清醒看到,我国生态文明建设仍处于压力叠加、负重前行的关键期,生态环境保护结构性、根源性、趋势性压力尚未根本缓解。紧跟时代发展,紧扣群众需求,通过改革不断完善生态文明制度体系,推动各方面制度有机衔接、系统集成,把制度优势更好转化为治理效能,方能真正实现"用制度保护生态环境",推动美丽中国建设不断迈上新台阶。

建设生态文明是一场涉及生产方式、生活方式、思维方式和价值观念的革命性变革。实现这样的变革,必须同步提升发展"含绿量"和生态"含金量",不断激发全社会共同呵护生态环境的内生动力。浙江安吉县推动"以竹代塑",利用竹资源发展出百亿元大产业;内蒙古磴口县"借光治沙",板上发电、板下种植,让光伏成为破解荒漠化治理、生态修复难题的"金钥匙"……实践证明,统筹高质量发展和高水平保护,实现生态美、产业兴、百姓富的有机统一,有助于凝聚起共建美丽中国的强大合力。加快完善落实绿水青山就是金山银山理念的体制机制,协同推进降碳、减污、扩绿、增长,必能走出一条生产发展、生活富裕、生态良好的文明发展道路,让绿水青山颜值更高、金山银山成色更足。

良好生态环境是最公平的公共产品,是最普惠的民生福祉。今天的中国,天更蓝、地更绿、水更清、环境更优美,人们真切感受到改革带来的生态变化。阔步新征程,以习近平生态文明思想为指引,以更高站位、更宽视野、更大力度来谋划和推进生态环境保护工作,继续把生态文明体制改革推向深入,我们一定能在推动经济社会高质量发展的同时,为子孙后代留下一个江山如画的大美中国。

(《人民日报》2024年8月16日第5版)

· 上 篇 ·

聚焦建设更高水平平安中国
——牢牢把握进一步全面深化改革的总目标

人民日报评论部

如何化解电动自行车的安全隐患，一直是社会关注的难点问题。浙江省推出数字化系统"浙江e行在线"，实现全链条监管：车牌上有二维码，可查产购销等全流程信息；路口处，有违法行为识别抓拍设备；小区内，配有智能化共享充电设备和感应灭火装置；售后网点，可用小程序录入废旧电池信息……安全监管措施更有效，让群众更安心。

随着社会生活的变化，不断升级技术和服务，以更优的平安"供给"着力解决人民群众最关心最直接最现实的安全问题，揭示了平安中国建设的成功密码，也体现了以人民为中心的改革取向。

国以安为兴，民以安为乐。党的二十届三中全会《决定》提出进一步全面深化改革的"七个聚焦"，其中一个重要方面就是"聚焦建设更高水平平安中国"。国家安全是中国式现代化行稳致远的重要基础。新征程上，锚定总目标进一步全面深化改革，必须不断健全国家安全体系，强化一体化国家战略体系，增强维护国家安全能力，创新社会治理体制机制和手段，有效构建新安全格局，为推进中国式现代化创造良好社会环境。

国泰民安是改革发展的重要前提。习近平总书记强调："平安是老百姓解决温饱后的第一需求，是极重要的民生，也是最基本的发展环境。"没有安全稳定的社会环境，就没有人民的幸福、国家的强盛。党的十八大以来，以习近平同志为核心的党中央把平安中国建设置于中国特色社会主义事业发展全局中谋划推进，平安中国建设体制机制逐步完善，社会治理社会化、法治化、智能化、专业化水平大幅度提升，续写了社会长期稳定奇迹。站在更高起点上，进一步深化改革，有效防范和化解影响我国现代化进程的各种风险，国家长治久安就有切实保障，经济社会发展就有坚实基础。

安全是发展的前提，发展是安全的保障。建设更高水平平安中国，必须统筹好高质量发展和高水平安全。大力推进高标准农田建设，助力农业增效农民增收，同时牢牢守住18亿亩耕地红线，保障粮食安全；加快建设新型能源体系，提升可持续发展和未来竞争能力，同时提高化石能源清洁利用水平，保障能源供给安全……新时代以来，更好统筹国内国际两个大局、发展安全两件大事，让我们牢牢掌握了发展和安全主动权。在平安中国建设中，在改革推进过程中，要始终绷紧这根弦，更加注重国家安全工作与经济社会发展各项工作的协同性，做到一起谋划、一起部署，形成发展和安全协调共进、互促双赢的良好局面。

平安中国建设是一个动态发展、不断升级的过程。在全球化、网络化的时代背景下，国家安全的内涵和外延变得更加丰富。随着我国社会主要矛盾发生历史性变化，人民群众对平安的需要也越来越多样化。比如，随着经济全球化程度不断加深，我们不仅要维护国内产业安全，还要不断增强产业链供应链韧性。又如，随着全民健康意识的不断提高，人们对食品安全的要求扩展到进、产、储、销全链条。一些地方打破部门信息壁垒，打造食用农产品"一品一码"全过程追溯体系，正是为了回应这样的新需求。主动适应世界之变、时代之变、历史之变，走好新时代群众路线，让改革与时代共振、与人民共情，才能增强平安中国建设效能，更好防范化解风险、有效应对挑战。

今天的中国，从手机里的防诈提醒，到二维码中的质量追溯，从生产线上的井然有序，到斑马线前的礼让行人，安全稳定早已成为人们习以为常的现实。改革路上，全面贯彻总体国家安全观，加快完善维护国家安全体制机制，扎实推进国家安全体系和能力现代化，平安中国建设将不断迈上新台阶，人民安居乐业、社会安定有序的良好局面也将更加巩固。

（《人民日报》2024年8月19日第5版）

引领 为高质量发展提供强大动力

聚焦提高党的领导水平和长期执政能力
——牢牢把握进一步全面深化改革的总目标

人民日报评论部

"能否帮忙寻找综合性氢能实验平台？""能否协同走出去，多认识一些潜在客户？"……不久前，一场"七一"专题恳谈会在北京中关村国家自主创新示范区展示中心举行。来自机器人、人工智能、商业航天等领域的专精特新企业代表现场出题，相关部门答题，能当场解决的马上答复，需要多方协调的，列清单跟踪处理。

围绕服务专精特新企业，积极创新党建工作机制，搭建平台帮助企业排忧解难，聚合资源推动新质生产力发展，体现了与时俱进的改革智慧，也彰显了党建工作的引领作用。

办好中国的事情，关键在党。党的二十届三中全会《决定》提出进一步全面深化改革的"七个聚焦"，其中一个重要方面就是"聚焦提高党的领导水平和长期执政能力"。党的领导是进一步全面深化改革、推进中国式现代化的根本保证。学习好贯彻好党的二十届三中全会精神，必须深刻认识坚持党的全面领导的重大意义，创新和改进领导方式和执政方式，深化党的建设制度改革，健全全面从严治党体系，确保党始终成为中国特色社会主义事业的坚强领导核心，确保改革始终沿着正确政治方向前进。

中国共产党领导是中国特色社会主义最本质的特征，是中国特色社会主义制度的最大优势。提升党的领导水平和长期执政能力，是党必须不断破解的时代课题。习近平总书记强调，"要顺利推进新时代中国特色社会主义各项事业，必须完善坚持党的领导的体制机制，更好发挥党的领导这一最大优势"。

进一步提高党的领导水平和长期执政能力，必须深化党的建设制度改革。改进推动高质量发展的政绩考核，推动形成能者上、优者奖、庸者下、劣者汰的正确导向；落实"三个区分开来"，把从严管理监督和鼓励担当作为统一起来……新时代以来，党的领导制度体系更加成熟定型，党总揽全局、协调各方的领导核心作用充分发挥，党的领导得到全面加强，全党抓改革、促发展的积极性、主动性、创造性得到进一步激发。

党的建设制度改革既是全面深化改革的重要内容，也是重要保证。推进中国式现代化是前无古人的开创性事业，必然会遇到大量从未出现过的全新课题、遭遇各种艰难险阻、经受许多风高浪急甚至惊涛骇浪的重大考验。持续加强和改善党的领导，不断提高党的领导水平和长期执政能力，改革才能保持正确方向、坚强定力、强大合力，中国式现代化这艘航船才能乘风破浪、行稳致远。奋进新征程，要根据时代发展、实践需要、人民期盼，不断提高管党治党的制度化规范化科学化水平，把党的政治优势、组织优势、制度优势转化为党和国家的治理优势，更好以"中国共产党之治"引领保障"中国之治"。

治国必先治党，党兴才能国强。新时代以来，我们党以前所未有的勇气和定力打出一套自我革命的"组合拳"，构建起全面从严治党体系，使党在革命性锻造中更加坚强有力，党心民心更加凝聚。必须清醒地看到，我们党面临的"四大考验""四种危险"将长期存在。坚持用改革精神和严的标准管党治党，完善党的自我革命制度规范体系，不断推进党的自我净化、自我完善、自我革新、自我提高，才能团结带领广大人民群众推动中国式现代化不断向前发展。

我们党作为世界上最大的马克思主义政党，在14亿多人口的大国长期执政，既有办大事、建伟业的巨大优势，也面临治党治国的特殊难题。前进道路上，深刻领悟"两个确立"的决定性意义，增强"四个意识"、坚定"四个自信"、做到"两个维护"，时刻保持解决大党独有难题的清醒和坚定，保持以党的自我革命引领社会革命的高度自觉，把党建设得更加坚强有力，必将有力推动新时代党的建设新的伟大工程向纵深发展，为以中国式现代化全面推进强国建设、民族复兴伟业提供坚强保证。

(《人民日报》2024年8月20日第5版)

· 上 篇 ·

坚持党的全面领导
——牢牢把握进一步全面深化改革的重大原则

人民日报评论部

自2024年7月30日起,港澳地区外国旅游团入境海南144小时免签政策正式实施。加快建设具有世界影响力的中国特色自由贸易港,海南持续吸引世界关注。

海南自由贸易港的"中国特色"体现在哪里?习近平总书记强调了三个"不动摇":坚持党的领导不动摇,坚持中国特色社会主义制度不动摇,坚持维护国家安全不动摇。以三个"不动摇"为遵循,海南自由贸易港如今正成为展示中国风范的靓丽名片。

办好中国的事情,关键在党。习近平总书记深刻指出,"只有毫不动摇坚持党的领导,中国式现代化才能前景光明、繁荣兴盛"。党的二十届三中全会《决定》提出进一步全面深化改革必须贯彻的"六个坚持"重大原则,其中排在首位的是"坚持党的全面领导,坚定维护党中央权威和集中统一领导,发挥党总揽全局、协调各方的领导核心作用,把党的领导贯穿改革各方面全过程,确保改革始终沿着正确政治方向前进"。认真学习贯彻全会精神,要坚持和加强党的全面领导和党中央集中统一领导,齐心协力抓好《决定》贯彻落实,把进一步全面深化改革的战略部署转化为推进中国式现代化的强大力量。

党的十八大以来,全面深化改革从夯基垒台、立柱架梁到全面推进、积厚成势,再到系统集成、协同高效,许多领域实现历史性变革、系统性重塑、整体性重构,根本原因正在于坚持和加强党中央集中统一领导。环顾世界,没有哪个国家和政党,能在这么短时间内推动这么大范围、这么大规模、这么大力度的改革。历史和实践表明,党的领导是进一步全面深化改革、推进中国式现代化的根本保证。

全面深化改革是一场改革组织方式的深刻变革,也是一场思想理论的深刻变革。创造性提出全面深化改革的价值取向,强调"我们抓改革、促发展,归根到底就是为了让人民过上更好的日子";创造性提出全面深化改革的主攻方向和路线图,一大批力度大、要求高、举措实的改革任务付诸实施;创造性提出全面深化改革的科学方法和有效路径,形成改革开放以来最丰富、最全面、最系统的改革方法论……习近平总书记关于全面深化改革的一系列新思想、新观点、新论断,把党的改革理论和改革实践推向新的历史高度。进一步全面深化改革,必须坚持以习近平新时代中国特色社会主义思想为科学指引,切实把思想和行动统一到党中央决策部署上来。

改革发展稳定任务越繁重,越需要加强和改善党的领导。完善党中央重大决策部署落实机制,健全防治形式主义、官僚主义制度机制,健全不正之风和腐败问题同查同治机制,丰富防治新型腐败和隐性腐败的有效办法……在新时代全面从严治党取得历史性开创性成就的坚实基础上,《决定》专门拿出一个部分部署"提高党对进一步全面深化改革、推进中国式现代化的领导水平",体现出把坚持党的全面领导作为进一步全面深化改革的政治引领和政治保障的深刻考量。广大党员、干部要提高政治站位、强化责任担当,以钉钉子精神把改革任务一项一项抓落地、抓到位、抓见效。

新起点,再起航。毫不动摇坚持党的领导,坚定不移进一步全面深化改革,我们一定能继续赢得更加伟大的胜利和荣光。

(《人民日报》2024年8月21日第5版)

引领 为高质量发展提供强大动力

坚持以人民为中心
——牢牢把握进一步全面深化改革的重大原则

人民日报评论部

曾经,一些地方政务大厅"门难进、脸难看、事难办",各部门之间经常相互推诿扯皮,企业和群众办证办事不得不多头跑、反复跑。坚持以人民为中心,切实解决人民群众办事难、办事慢等问题,新时代以来,各地涌现出"一窗综办""一网通办""一枚印章管审批"等一批改革创新之举。政务服务之变,成为新时代全面深化改革价值取向的生动折射。

坚持人民至上,既是价值观,也是方法论。党的二十届三中全会《决定》提出进一步全面深化改革必须贯彻的"六个坚持"重大原则,其中之一是"坚持以人民为中心"。学习好贯彻好全会精神,必须坚持以人民为中心,尊重人民主体地位和首创精神,人民有所呼、改革有所应,做到改革为了人民、改革依靠人民、改革成果由人民共享。

为什么人、靠什么人的问题,是检验一个政党、一个政权性质的试金石。《决定》强调"以促进社会公平正义、增进人民福祉为出发点和落脚点""以实绩实效和人民群众满意度检验改革",充分体现了我们党的根本宗旨。党的十八大以来,各方面推出2000多个改革方案，逻辑起点和价值旨归都是为了把人民对美好生活的向往不断变成现实。以人民利益为重、以人民期盼为念，不仅改革的科学性、落实的有效性能够得到保障，改革本身也会得到人民群众的衷心拥护、激发人民群众的积极参与。

中国式现代化既是人口规模巨大的现代化，也是全体人民共同富裕的现代化，"民生为大"的深层逻辑，为进一步全面深化改革标注了出发点、蓄积起原动力。紧扣推进中国式现代化这个主题，贯彻"坚持以人民为中心"的重大原则，进一步全面深化改革要注重从就业、增收、入学、就医、住房、办事、托幼养老以及生命财产安全等老百姓急难愁盼中找准改革的发力点和突破口，多推出一些民生所急、民心所向的改革举措，多办一些惠民生、暖民心、顺民意的实事，让人民共享经济、政治、文化、社会、生态等各方面发展成果。

习近平总书记深刻指出："正确的道路从哪里来？从群众中来。"人民是决定党和国家前途命运的根本力量。没有人民支持和参与，任何改革都不可能取得成功。以新时代"枫桥经验"为指引，浙江诸暨超过90%的基层矛盾纠纷都在镇、村两级的社会治理中心得到化解。从北京"街乡吹哨、部门报到"，到浙江"最多跑一次"，再到福建三明综合医改，无不是依靠群众推动的社会基层治理创新。这些切实有效的改革举措，逐步复制推广到了全国。进一步全面深化改革任务越是繁重，越要站稳人民立场，尊重人民主体地位和首创精神。既要为人民而改革，也要依靠人民来改革，进一步全面深化改革才能充分激发人民群众的积极性、主动性、创造性。

老百姓关心什么、期盼什么，改革就要抓住什么、推进什么。今天，人民群众还有不少操心事、烦心事，民生工作还有不少不如人意的地方。改革要奔着问题去，解决问题要务求实效，检验改革要依靠人民评判。汇聚14亿多中国人民支持改革、参与改革的磅礴力量，进一步全面深化改革就没有干不成的事，以中国式现代化全面推进强国建设、民族复兴伟业就没有迈不过的坎。

（《人民日报》2024年8月22日第5版）

上 篇

坚持守正创新
——牢牢把握进一步全面深化改革的重大原则

人民日报评论部

今年暑期,航空市场上,国产大飞机 C919 执飞的航班受到旅客的追捧。目前,C919 已累计获得全球订单 1000 余架。

打造大国重器,关键核心技术要不来、买不来、讨不来。坚持高水平科技自立自强,政府部门有效引导、组织统筹,全国 20 多个省份、1000 多家企事业单位、约 30 万人协同作战,大飞机研制带动我国 6000 多项民用飞机技术的集群式突破。

自主研制的大型客机翱翔蓝天,"大飞机梦"的历史性突破,凸显了新型举国体制在关键核心技术攻关上的制度优势,体现了健全新型举国体制、提升国家创新体系整体效能的改革红利,也让我们更加深刻领会一个道理:"守正才能不迷失方向、不犯颠覆性错误,创新才能把握时代、引领时代。"

进一步全面深化改革往什么方向走?对于这一带有根本性的问题,习近平总书记话语坚定:"要坚持守正创新,改革无论怎么改,坚持党的全面领导、坚持马克思主义、坚持中国特色社会主义道路、坚持人民民主专政等根本的东西绝对不能动摇,同时要敢于创新,把该改的、能改的改好、改到位,看准了就坚定不移抓。"党的二十届三中全会《决定》明确提出进一步全面深化改革必须贯彻的"六个坚持"重大原则,其中之一是"坚持守正创新"。

守正创新是我们党在新时代治国理政的重要思想方法。党的十八大以来,我们党在立场、方向、原则、道路等根本性问题上旗帜鲜明、毫不含糊,着力正本清源、固本培元,同时在新中国成立特别是改革开放以来长期探索和实践基础上继续前进,不断实现理论和实践上的创新突破,开创了我国改革开放全新局面,成功推进和拓展了中国式现代化。坚持守正创新,既确保改革始终朝着正确方向、沿着正确道路推进,又进一步解放和发展生产力、激发和增强社会活力,使中国式现代化始终生机勃勃。

从"全面深化改革"到"进一步全面深化改革",总目标增加"继续"二字,蕴含着实践的接续、时代的新景。《决定》提出300多项重要改革举措,在理论和实践上体现出鲜明特点,是坚持守正创新谋划和推进改革的生动体现。新征程上,要写好"实践续篇""时代新篇",就要砥砺道不变、志不改的强大定力,提振敢创新、勇攻坚的锐气胆魄,确保各项改革任务顺利落实。

守正,就是要守住方向、守住原则、守住立场、守住根脉。新时代以来,全国国资系统监管企业资产总额从2012年的71.4万亿元增长到2023年的317.1万亿元,规模实力明显提升。其中一个重要原因在于,坚持党对国有企业的领导这一重大政治原则,把党的领导优势转化为国有企业的竞争优势和发展优势,为实现国有企业高质量发展提供了坚强保证。进一步全面深化改革,是在中国特色社会主义道路上不断前进的改革。牢牢把握改革开放的前进方向,才能将发展进步的命运牢牢掌握在自己手中。

创新,就是要准确把握时代大势,勇立人类发展前沿,聆听人民心声,回应现实需要,大胆闯、大胆试,冲破思想观念的束缚,突破利益固化的藩篱，打开事业新天地。习近平总书记创造性提出新质生产力概念，要求"因地制宜发展新质生产力"，为推动高质量发展提供了有力支撑。从今年经济运行数据来看，传统产业改造升级，新兴产业培育壮大，未来产业布局建设，新质生产力进一步加快形成。进一步全面深化改革，必须紧跟时代步伐，顺应实践发展，突出问题导向，在新的起点上推进理论创新、实践创新、制度创新、文化创新以及其他各方面创新。

守正与创新相辅相成、辩证统一。中国式现代化的探索，是一个在继承中发展、在守正中创新的历史过程。以进一步全面深化改革推进中国式现代化，要准确把握变与不变、继承与发展、原则性与创造性的辩证统一关系。面向未来，坚持好、运用好守正创新这一重大原则，必能让"中国之制"的优越性不断凸显、"中国之治"的生命力更加旺盛。

（《人民日报》2024年8月23日第5版）

引领 为高质量发展提供强大动力

坚持以制度建设为主线
——牢牢把握进一步全面深化改革的重大原则

人民日报评论部

在广东河源市，有个"面对面"机制。聚焦"看病难""上学难""出行难"等群众关心的问题，有关领导干部及职能部门负责人在座谈会现场予以答复，"面对面"工作专班负责督办反馈，确保改革举措及时跟进、问题及时办结销账。2021年10月创建以来，这个跨部门、跨层级的"面对面"机制，累计收集群众急难愁盼问题超过6500个，办结率为75.4%，让群众诉求得到及时回应、治理效能有效提升。

党的二十届三中全会《决定》提出进一步全面深化改革必须贯彻的"六个坚持"重大原则，其中之一是"坚持以制度建设为主线"。进一步全面深化改革，要围绕制度建设这条主线，固根基、扬优势、补短板、强弱项，把中央要求、群众期盼、实际需要、新鲜经验结合起来，使制度立得住、行得通、真管用，为推进中国式现代化提供制度保障。

制度是关系党和国家事业发展的根本性、全局性、稳定性、长期性问题。我们党推进全面深化改革，总目标是完善和发展中国特色社会主义制度、推进国家治理体系和治理能力现代化，制度建设是主线、是关键。

用最严格制度最严密法治保护生态环境，我国成为全球空气质量改善速度最快的国家；让制度"长牙""带电"，全面从严治党筑牢党的执政根基；健全种粮农民收益保障机制和粮食主产区利益补偿机制，调动农民和地方政府保护耕地、种粮抓粮积极性，"中国饭碗"端稳端牢……解决制约党和国家事业发展的体制机制弊端问题，解决事关党和国家长治久安的制度现代化问题，"制度创新"成为牵动改革的"牛鼻子"。新时代以来，我们党对制度建设的认识取得了一系列新进展，实践上取得了一系列新突破，开辟了以"中国之制"推进"中国之治"的新境界。中国特色社会主义制度更加成熟更加定型，国家治理体系和治理能力现代化水平明显提高，为全面建设社会主义现代化国家奠定了坚实基础。

中国特色社会主义制度，是具有鲜明中国特色、明显制度优势、强大自我完善能力的先进制度。但是，这一先进制度并不是一经建立就成熟定型、尽善尽美的，而是需要随着实践发展而不断发展，在全面深化改革中日益巩固、完善和发展。

环顾世界，人工智能、航空航天、生物医药、量子科技等领域科技创新竞相奔涌，它们既是发展的"快车道"，也往往是"无人区"，统筹发展和安全，需要"加强新领域新赛道制度供给"。放眼长远，持续守护绿水青山，就要"健全生态环境治理体系"，坚持用制度管权治吏、护蓝增绿，让制度成为刚性约束。新征程上，已有制度需要不断健全，新领域新实践需要推进制度创新、填补制度空白。唯如此，才能以制度建设巩固改革开放的成果，也才能以制度建设进一步解放和发展社会生产力、激发和增强社会活力。

今天的改革，系统性、整体性、协同性特征显著增强。无论是加强顶层设计、总体谋划，还是坚持破立并举、先立后破，制度建设都需要更加注重系统集成，我们要坚持全局观念和系统思维，推进各方面体制机制的配套和协同。"围绕实施国家发展规划、重大战略促进财政、货币、产业、价格、就业等政策协同发力""把经济政策和非经济性政策都纳入宏观政策取向一致性评估""强化贸易政策和财税、金融、产业政策协同"……《决定》提出的这些举措，都体现了制度建设更加注重系统集成的要求。强化各项制度的系统集成，使各项制度彼此呼应、相互促进，有助于形成强大制度合力，确保中国式现代化锚定奋斗目标行稳致远。

制度优势是一个政党、一个国家的最大优势。面对新任务、新要求、新挑战，坚持以制度建设为主线，把《决定》谋划的改革举措落到实处，中国特色社会主义制度优势将进一步彰显，中国式现代化将不断打开新局面。

（《人民日报》2024年8月26日第6版）

· 上 篇 ·

坚持全面依法治国
——牢牢把握进一步全面深化改革的重大原则

人民日报评论部

前不久,被称为三江源国家公园可可西里"藏羚羊幼儿园"的索南达杰保护站野生动物救助中心,迎来了9只可爱的藏羚羊宝宝。它们正在保护站工作人员的悉心呵护下健康成长。

藏羚羊得到有力保护,离不开青藏高原生态保护法的护航。在我国生态环境领域,30余部法律、100多件行政法规、1000余件地方性法规,初步形成了覆盖全面、务实管用、严格严厉的生态环境保护法律体系,汇聚起共护绿水青山、草木生灵的强大合力。

法治是中国式现代化的重要保障,法律是治国理政最大最重要的规矩。党的二十届三中全会《决定》提出进一步全面深化改革必须贯彻的"六个坚持"重大原则,"坚持全面依法治国"是其中之一。

改革发展稳定离不开法治护航,经济社会建设需要法治保护,百姓平安福祉要靠法治守卫,全面依法治国是全面建设社会主义现代化国家的必然要求。学习好贯彻好党的二十届三中全会精神,要在法治轨道上深化改革、推进中国式现代化,把全面依法治国摆在全局性、战略性、基础性、保障性位置,做到改革和法治相统一,让法治体系在深化改革中不断健全,改革步伐在法治保障下更加坚实。

坚持改革决策和立法决策相统一、相衔接，改革和法治同步推进，这是新时代全面深化改革的鲜明特色。制定民法典，开启民事权利保障的崭新时代；施行40多年的国务院组织法首次修订，全面建设法治政府迈出坚实步伐；完善权力运行制约和监督机制，规范立法、执法、司法机关权力行使……党的十八大以来，法治中国建设同全面深化改革一体推进，推动国家治理体系和治理能力迈上新的高度。进一步全面深化改革，必须深入贯彻习近平法治思想，在法治轨道上推进国家治理体系和治理能力现代化，更好发挥法治固根本、稳预期、利长远的保障作用。

习近平总书记深刻指出，"改革与法治如鸟之两翼、车之两轮"。改革向前一步，法治就要跟进一步。在整个改革过程中，都要高度重视运用法治思维和法治方式，发挥法治的引领和推动作用，凡属重大改革都要于法有据。今年6月1日起施行的粮食安全保障法，深入总结党的十八大以来粮食安全领域改革成果，写入了调动耕地保护责任主体保护耕地的积极性，保护粮食生产者的种粮积极性，做好粮食生产、储备、流通、加工、消费等环节的粮食节约工作等规定，以高水平法治护航14亿多人的粮食安全。实践证明，在法治下推进改革，积极发挥法治引导、推动、规范、保障改革的作用，就能够不断夯实"中国之治"的法治根基。

法治为改革有力护航，改革则是法治的推进器。从完善人民法院、人民检察院司法责任制，到完善国家工作人员学法用法制度，再到依法规范司法人员与当事人、律师、特殊关系人、中介组织的接触交往行为……正是全面深化改革的决心和努力，助推良法善治开新篇，助力法治体系显优势。《决定》着眼完善中国特色社会主义法治体系，在深化立法领域改革、深入推进依法行政、健全公正执法司法体制机制、完善推进法治社会建设机制、加强涉外法治建设等方面作出细化部署。在改革中完善法治，必须协同推进立法、执法、司法、守法各环节改革，以国家各方面工作的法治化推进中国式现代化。

一个现代国家，必须是一个法治国家。在中国这样一个超大规模的发展中国家，全面依法治国关系党执政兴国，关系人民幸福安康，关系党和国家长治久安。让改革与法治相辅相成、互相促进，完善中国特色社会主义法治体系，提高全面依法治国能力和水平，必能为强国建设、民族复兴伟业提供坚实法治保障。

（《人民日报》2024年8月27日第5版）

坚持系统观念
——牢牢把握进一步全面深化改革的重大原则

人民日报评论部

"一张清单",折射全面深化改革的协同高效。2018年底,《市场准入负面清单(2018年版)》对外公布,我国全面实施市场准入负面清单制度。试点于自由贸易试验区的负面清单制度,被应用于全国经济治理。与之相配套,审批体制、投资体制、监管机制、社会信用体系和激励惩戒机制的改革进一步深化,与市场准入制度相关的法律法规进一步完善,有力推进国家治理体系和治理能力现代化。

党的二十届三中全会《决定》总结和运用改革开放以来特别是新时代全面深化改革的宝贵经验,提出进一步全面深化改革必须贯彻的"六个坚持"重大原则,其中之一是"坚持系统观念,处理好经济和社会、政府和市场、效率和公平、活力和秩序、发展和安全等重大关系,增强改革系统性、整体性、协同性"。

进一步全面深化改革,涉及党和国家工作全局,涉及经济社会发展各领域,涉及许多重大理论和实践问题,是一个复杂的系统工程。学习好贯彻好全会精神,谋划好推进好《决定》提出的改革举措,必须坚持系统观念,使各项改革举措在政策取向上相互配合、在实施过程中相互促进、在改革成效上相得益彰。

注重系统性、整体性、协同性是全面深化改革的内在要求。从实践看，随着改革不断深入，各个领域各个环节改革的关联性互动性明显增强。2016年，浙江省委经济工作会议提出"最多跑一次"改革。此后，从利用数字技术等整合各部门的资源，到以政务服务增值化改革促进营商环境优化，"最多跑一次"改革不断向纵深推进，撬动各方面各领域的改革。如今，打开浙江政务服务网的《浙江省"最多跑一次"事项清单》，绝大多数事项后面已经标注上了"跑零次"。实践证明，全面深化改革，零敲碎打调整不行，碎片化修补也不行，"必须是全面的系统的改革和改进，是各领域改革和改进的联动和集成"。

注重系统性、整体性、协同性，也是推进改革发展的重要方法。提出新发展理念，强调"这五大发展理念相互贯通、相互促进，是具有内在联系的集合体，要统一贯彻"；直面党风廉政建设和反腐败斗争中遇到的问题，一体推进党的纪检体制改革、国家监察体制改革、纪检监察机构改革；促使理论创新、制度创新、科技创新、文化创新以及其他各方面创新相衔接……坚持全局观念和系统思维，坚决破除各方面体制机制弊端，新时代改革开放开创了全新局面。

推进中国式现代化，改革更多面对的是深层次体制机制问题，必须加强前瞻性思考、全局性谋划、战略性布局、整体性推进。"统筹推进教育科技人才体制机制一体改革""增强宏观政策取向一致性""必须统筹新型工业化、新型城镇化和乡村全面振兴""协同推进立法、执法、司法、守法各环节改革"……党的二十届三中全会《决定》更加注重系统集成，加强对改革整体谋划、系统布局。坚持系统观念，进一步全面深化改革，务须练就"大视野"，着眼"一盘棋"，处理好几个重大关系，使改革更加科学、有序、高效。

改革越深入，越要注意协同，既抓改革方案协同，也抓改革落实协同，更抓改革效果协同。打好改革"组合拳"，把思想和行动统一到党的二十届三中全会精神上来，把智慧和力量凝聚到落实《决定》各项改革举措上来，一定能不断增强改革整体效能，推动中国式现代化开辟广阔前景。

（《人民日报》2024年8月28日第5版）

引领
为高质量发展提供强大动力

下 篇

引领 为高质量发展提供强大动力

深刻领会和把握进一步全面深化改革的重大原则

季正聚

党的二十届三中全会强调,进一步全面深化改革要总结和运用改革开放以来特别是新时代全面深化改革的宝贵经验,贯彻坚持党的全面领导、坚持以人民为中心、坚持守正创新、坚持以制度建设为主线、坚持全面依法治国、坚持系统观念等原则。这六条原则集中体现了习近平总书记关于全面深化改革重要论述的核心要义,是对改革开放以来特别是新时代全面深化改革宝贵经验的科学总结,我们必须在进一步全面深化改革中严格遵循、长期坚持。

善于总结和运用经验是中国共产党的制胜法宝

习近平总书记指出:"党的经验不是从天上掉下来的,也不是从书本上抄来的,而是我们党在历经艰辛、饱经风雨的长期摸索中积累下来的,饱含着成败和得失,凝结着鲜血和汗水,充满着智慧和勇毅。"中国共产党在领导革命、建设、改革的进程中,一贯重视借鉴和运用宝贵经验,从历史经验中提炼出克敌制胜的法宝。六条原则彰显了我们党的优良传统和显著优势,对于增强进一步全面深化改革的科学性、预见性、主动性、创造性具有重大指导意义。

善于从实际出发总结经验，不断汲取前进力量。新民主主义革命时期，毛泽东同志在总结两次国内革命战争经验的基础上，把统一战线、武装斗争、党的建设概括为中国革命的"三大法宝"，为我们党取得新民主主义革命胜利发挥了重要作用。社会主义革命和建设时期，面对建设社会主义的新任务，毛泽东同志作《论十大关系》报告，系统总结我国社会主义建设经验。改革开放和社会主义现代化建设新时期，以邓小平同志为主要代表的中国共产党人深刻总结新中国成立后的历史经验，作出把党和国家工作中心转移到经济建设上来、实行改革开放的历史性决策。江泽民同志、胡锦涛同志分别在纪念党的十一届三中全会召开20周年大会和纪念党的十一届三中全会召开30周年大会上，科学总结我国改革开放20年来、30年来社会主义现代化建设的宝贵经验，使改革开放在20世纪末和21世纪初得以坚定不移地推进。中国特色社会主义新时代，习近平总书记在庆祝中国共产党成立100周年大会、庆祝中华人民共和国成立70周年大会、庆祝改革开放40周年大会等重要场合，从不同角度对党的宝贵经验作了总结概括，把我们党对历史经验的总结提高到新境界。六条原则是对改革开放以来特别是新时代全面深化改革宝贵经验的科学总结，对于进一步全面深化改革、推进中国式现代化具有重大意义。

善于从正反两方面总结经验，不断校正前进方向。习近平总书记强调："历史的经验值得注意，历史的教训更应引以为戒。"我们党历来提倡全面认识历史进程，先后制定的《关于若干历史问题的决议》和《关于建国以来党的若干历史问题的决议》，就是从正反两方面总结经验的光辉典范。党的十九届六中全会通过的《中共中央关于党的百年奋斗重大成就和历史经验的决议》概括了具有根本性和长远指导意义的十条历史经验，具有重大的历史意义和现实指导意义。三个历史决议充分彰显了我们党在重要历史关头的政治决断和对待历史的科学态度。历史和实践充分证明，我们党对历史经验的每一次全面总结，都极大地凝聚了思想共识、促进了党内团结，对于全党坚定信心、开创未来具有重大意义。六条原则对于我们牢牢把握改革的方向、立场、价值取向等，确保改革开放事业行稳致远具有重大意义。

善于从应对风险挑战中总结经验，牢牢掌握历史主动。中国共产党的百余年奋斗史，就是一部在应对各类风险挑战中总结经验、把握历史规律、掌握历史主动，不断从胜利走向胜利的历史。邓小平同志在评述改革开放时说："我们干的是中国几千年来从未干过的事"，要"靠不断总结经验，坚定地前进"。当今世界正处于百年未有之大变局，我国发展面临着前所未有的风险挑战，既有国内的也有国际的，既有政治、经济、文化、社会等领域的也有来自自然界的，既有传统的也有非传统的，"黑天鹅""灰犀牛"还会不期而至。要更好应对前进道路上各种可以预见和难以预见的风险挑战，我们必须从历史中获得启迪，从历史经验中提炼出克敌制胜的法宝。面对严峻复杂的国际环境和艰巨繁重的国内改革发展稳定任务，我们要继续从具有许多新的历史特点的伟大斗争出发，善于总结运用党在不同历史时期成功应对风险挑战的丰富经验。六条原则对于我们把握历史发展规律和大势，有效应对风险挑战，牢牢掌握党和国家事业发展的历史主动具有重大意义。

深刻把握进一步全面深化改革重大原则的科学内涵与辩证关系

新时代以来，全面深化改革闯关夺隘、纵深推进，实现改革由局部探索、破冰突围到系统集成、全面深化的转变，开创了我国改革开放新局面。作为改革开放以来特别是新时代全面深化改革宝贵经验的科学总结，六条原则内涵十分丰富，是不可分割的有机整体。我们要结合新时代全面深化改革伟大实践深刻把握其科学内涵，将其运用到进一步全面深化改革伟大实践中。

坚持党的全面领导。中国共产党领导是中国特色社会主义最本质的特征，始终把党的领导贯穿改革各方面全过程是新时代全面深化改革顺利进行并取得历史性成就的根本保证。改革开放后特别是新时代以来，我们党建立健全了落实党的全面领导的一系列重要制度、具体制度，引领实行全方位、深层次、根本性的改革，确保改革顺利推进和各项改革任务落实。坚持党的全面领导，要求我们坚定维护党中央权威和集中统一领导，发挥党总揽全局、协调各方的领导核心作用，把党的领导贯穿改革各方面全过程，确保改革始终沿着正确方向前进。

坚持以人民为中心。为了人民而改革，改革才有意义；依靠人民而改革，改革才有动力。改革开放后特别是新时代以来，我们党始终坚持全心全意为人民服务的根本宗旨，始终站在人民立场上把握和处理涉及改革的重大问题，让改革发展成果更多更公平惠及全体人民。坚持以人民为中心，要求我们尊重人民主体地位和首创精神，人民有所呼、改革有所应，做到改革为了人民、改革依靠人民、改革成果由人民共享。

坚持守正创新。守正才能不迷失方向、不犯颠覆性错误，创新才能把握时代、引领时代。改革开放后特别是新时代以来，我们党坚持该改的、能改的坚决改，不该改的、不能改的坚决不改，不断深化对改革规律的认识。坚持守正创新，要求我们坚持中国特色社会主义不动摇，紧跟时代步伐，顺应实践发展，突出问题导向，在新的起点上推进理论创新、实践创新、制度创新、文化创新以及其他各方面创新。

坚持以制度建设为主线。制度是关系党和国家事业发展的根本性、全局性、稳定性、长期性问题。以制度建设为主线，就要构建系统完备、科学规范、运行有效的制度体系，推动制度优势更好转化为国家治理效能。改革开放后特别是新时代以来，我们党坚持和完善中国特色社会主义制度，完善发展党的领导和经济、政治、文化、社会、生态文明、军事、外事等各方面制度，不断彰显中国特色社会主义制度的巨大优越性。坚持以制度建设为主线，要求我们加强顶层设计、总体谋划，破立并举、先立后破，筑牢根本制度，完善基本制度，创新重要制度。

坚持全面依法治国。改革和法治相辅相成、相伴而生，增强改革的穿透力离不开法治固根本、稳预期、利长远的保障作用。改革开放后特别是新时代以来，我们党坚定不移走中国特色社会主义法治道路，在法治下推进改革、在改革中完善法治，坚持改革决策和立法决策相统一、相衔接，使全面深化改革、全面依法治国像两个轮子，共同推动中国特色社会主义伟大事业滚滚向前。坚持全面依法治国，要求我们在法治轨道上深化改革、推进中国式现代化，做到改革和法治相统一，重大改革于法有据、及时把改革成果上升为法律制度。

坚持系统观念。改革开放是一个系统工程，全面深化改革必须是全面的系统的改革和改进，是各领域改革和改进的联动和集成。改革开放后特别是新时代以来，我们党以全局观念和系统思维谋划推进改革，以经济体制改革为牵引，统筹谋划、有力有序解决各领域各方面体制性障碍、机制性梗阻、政策性创新问题。坚持系统观念，要求我们处理好经济和社会、政府和市场、效率和公平、活力和秩序、发展和安全等重大关系，增强改革系统性、整体性、协同性。

六条原则是不可分割的有机整体，相辅相成，相得益彰，确保进一步全面深化改革的航船在以中国式现代化全面推进强国建设、民族复兴伟业波澜壮阔的伟大征程中劈波斩浪、行稳致远。其中，坚持党的全面领导为进一步全面深化改革提供根本保证，充分彰显中国特色社会主义最本质的特征和中国特色社会主义制度的最大优势；坚持以人民为中心为进一步全面深化改革明确根本立场、把牢价值取向、提供不竭动力；坚持守正创新是进一步全面深化改革的显著标识，推动改革在守正与创新的有机统一中不断前进；坚持以制度建设为主线彰显进一步全面深化改革的内在要求，充分体现制度建设在进一步全面深化改革中的关键作用；坚持全面依法治国是进一步全面深化改革的重要保障，能够充分发挥法治引导、推动、规范、保障改革的作用；坚持系统观念为进一步全面深化改革提供基础方法，将进一步全面深化改革的各个方面牢牢凝聚成一个有机整体。六条原则缺一不可，共同确保进一步全面深化改革向着继续完善和发展中国特色社会主义制度、推进国家治理体系和治理能力现代化的总目标稳步前进。

把进一步全面深化改革的重大原则落到实处

当前和今后一个时期是以中国式现代化全面推进强国建设、民族复兴伟业的关键时期。面向未来，进一步全面深化改革、推进中国式现代化，必须坚持好运用好进一步全面深化改革的重大原则，在复杂严峻的国内外形势中不断赢得优势、赢得主动、赢得未来，开辟中国式现代化的广阔前景。

确保把党的领导贯穿改革各方面全过程。坚持党中央对进一步全面深化改革的集中统一领导，完善党中央重大决策部署落实机制。以调动全党抓改革、促发展的积极性、主动性、创造性为着力点，完善党的建设制度机制，深化干部人事制度改革，鲜明树立选人用人正确导向。深入推进党风廉政建设和反腐败斗争，健全政治监督具体化、精准化、常态化机制，完善一体推进不敢腐、不能腐、不想腐工作机制，完善党和国家监督体系。以钉钉子精神抓好改革落实，把重大改革落实情况纳入监督检查和巡视巡察内容。

确保改革为了人民、改革依靠人民、改革成果由人民共享。把牢进一步全面深化改革的价值取向，从人民整体利益、根本利益、长远利益出发谋划和推进改革。尊重人民主体地位，认真倾听人民心声，注重从老百姓急难愁盼中找准改革的发力点和突破口，多推出一些民生所急、民心所向的改革举措。尊重人民首创精神，拜人民为师，把政治智慧的增长、治国理政本领的增强深深扎根于人民的创造性实践之中。

确保在守正基础上不断推进中国特色社会主义各方面创新。在举什么旗、走什么路、向什么目标前进等根本性问题上有着绝对不能动摇的战略清醒和政治定力，确保不在根本性问题上出现颠覆性错误。鼓励支持地方基层解放思想，大胆试、大胆闯，结合实际、因地制宜开展创新。顺应时代发展新趋势、实践发展新要求、人民群众新期待，以科学的谋划、创新的魄力把各项工作抓好抓实，用创新办法寻求化解矛盾的锁钥，用创新思路获取攻坚克难的良方，以创新举措打开事业发展的新天地。

确保以制度建设不断提升国家治理效能。通过加强顶层设计、总体谋划，筑牢根本制度、完善基本制度、创新重要制度，不断健全制度框架。做到破立并举、先立后破，适时改革不适应实践发展要求的制度规则，着力破解深层次体制机制障碍。不断增强党员干部的制度意识，强化制度执行力，通过加强制度执行的监督，使制度优势切实转化为国家治理效能。

确保在法治轨道上深化改革。坚持科学立法、民主立法、依法立法，不断增强运用法治思维和法治方式深化改革、推动发展、化解矛盾、维护稳定、应对风险的能力。加强重点领域、新兴领域、涉外领域立法，统筹推进法律法规的立、改、废、释、纂。着力处理好改革和法治的关系，及时调整不适应改革要求的法律，以良法促进发展、保障善治。

确保增强改革系统性、整体性、协同性。以推进中国式现代化的目标任务和面临的重大问题为提领，加强改革举措协同配套，推动各领域各方面改革举措同向发力，增强整体效能。以处理好经济和社会、政府和市场、效率和公平、活力和秩序、发展和安全等重大关系为关键抓手，增强改革系统性、整体性、协同性。对一些利益关系复杂、协调难度大的改革，建立强有力的协调推进机制。

(《人民日报》2024年7月23日第9版)

引领 为高质量发展提供强大动力

牢牢把握进一步全面深化改革的出发点和落脚点

刘　旭　范宪伟

党的二十届三中全会提出,进一步全面深化改革要"以促进社会公平正义、增进人民福祉为出发点和落脚点"。这既明确了进一步全面深化改革的逻辑起点,又阐明了进一步全面深化改革的根本目的。习近平总书记指出:"为了人民而改革,改革才有意义;依靠人民而改革,改革才有动力。"深入学习贯彻党的二十届三中全会精神,进一步全面深化改革、推进中国式现代化,就要牢牢把握进一步全面深化改革的出发点和落脚点,使改革的初衷、过程和结果更加符合人民的期望和需求,不断促进社会公平正义、增进人民福祉。

深刻认识促进社会公平正义、增进人民福祉的重大意义

人民是历史的创造者,是决定党和国家前途命运的根本力量。我们党团结带领人民进行革命、建设、改革,根本目的就是为了让人民过上好日子。新时代以来,以习近平同志为核心的党中央将社会建设作为统筹推进"五位一体"总体布局的重要内容,紧紧围绕促进社会公平正义、增进人民福祉深化改革,在幼有所育、学有所教、劳有所

得、病有所医、老有所养、住有所居、弱有所扶上持续用力，在收入分配、就业、教育、社会保障、医疗卫生、住房保障等方面推出一系列重大改革举措，推动人民获得感、幸福感、安全感更加充实、更有保障、更可持续。把促进社会公平正义、增进人民福祉作为进一步全面深化改革的出发点和落脚点，是坚持全心全意为人民服务根本宗旨的必然要求，是推进和拓展中国式现代化的内在要求，彰显了进一步全面深化改革的价值取向。

坚持全心全意为人民服务根本宗旨的必然要求。习近平总书记指出："为什么人的问题，是检验一个政党、一个政权性质的试金石。"全心全意为人民服务，是我们党区别于其他一切政党的根本标志。我们党之所以能够得到人民拥护，中国特色社会主义之所以能够得到人民支持，正是因为造福了人民。我们党之所以能够发展壮大，中国特色社会主义之所以能够不断前进，正是因为依靠了人民。为中国人民谋幸福，为中华民族谋复兴，是中国共产党人的初心和使命，也是改革开放的初心和使命。进一步全面深化改革，要把为人民谋幸福作为检验改革成效的标准，让改革发展成果更多更公平惠及全体人民。

推进和拓展中国式现代化的内在要求。习近平总书记指出："中国式现代化是全体中国人民的事业，必须紧紧依靠人民，汇聚蕴藏在人民中的无穷智慧和力量"。现代化道路最终能否走得通、行得稳，关键要看是否坚持以人民为中心。顺应人民对美好生活的向往，努力实现物质富裕、政治清明、精神富足、社会安定、生态宜人，让中国式现代化建设成果更多更公平地惠及全体人民，才能凝聚起全面建设社会主义现代化国家的磅礴伟力。进一步全面深化改革、推进中国式现代化，必然要求汇聚蕴藏在人民中的无穷智慧和力量，必须从解决群众最关心最直接最现实的利益问题切入，着眼创造更加公平正义的社会环境，用更多的改革成果来增进人民福祉，使中国式现代化拥有最可靠、最深厚、最持久的力量源泉。

彰显进一步全面深化改革的价值取向。习近平总书记指出："抓改革、促发展，归根到底就是为了让人民过上更好的日子。""为了谁""依靠谁"是关系进一步全面深化改革价值取向的重大问题。改革开放之所以得到广大人民群众的衷心拥护和积极参与，最根本的原因在于我们一开始就使改革开放事业深深扎根于人民群众之中。实践充分表明，牢牢把握改革价值取向，确保改革始终坚持为了人民、依靠人民，才能带领人民把改革推向前进。只有把促进社会公平正义、增进人民福祉作为进一步全面深化改革的出发点和落脚点，才能把牢价值取向，做到一切为了人民、一切依靠人民，人民有所呼、改革有所应，确保改革为了人民、改革依靠人民、改革成果由人民共享。

促进社会公平正义、增进人民福祉需要处理好几个关系

习近平总书记强调："要以钉钉子精神抓改革落实，既要积极主动，更要扎实稳健，明确优先序，把握时度效，尽力而为、量力而行，不能脱离实际。"进一步全面深化改革是一项复杂的系统工程，促进社会公平正义、增进人民福祉需要全方位、全过程、宽领域、多层次推进各方面改革。在进一步全面深化改革中促进社会公平正义、增进人民福祉，需要处理好以下几个关系。

处理好尽力而为和量力而行的关系。习近平总书记强调："坚持尽力而为、量力而行，深入群众、深入基层，采取更多惠民生、暖民心举措，着力解决好人民群众急难愁盼问题"。民生工作直接同老百姓见面、对账，来不得半点虚假，既要积极而为，又要量力而行，承诺了的就要兑现。促进社会公平正义、增进人民福祉，要坚持尽力而为和量力而行的辩证统一。对人民群众反映强烈的突出问题要下大力气

啃"硬骨头",坚决改、马上改,以更大的力度、更实的举措让人民群众有更多获得感。同时,又要立足我国基本国情,统筹需要和可能,把增进人民福祉建立在经济发展和财力可持续的基础之上,不能脱离实际,作兑现不了的承诺。

处理好改革发展稳定的关系。习近平总书记强调:"正确处理改革发展稳定关系"。改革力度过大或者过小、速度过快或者过慢,都会影响发展速度和社会可承受程度。深入贯彻落实党的二十届三中全会的战略部署,要把改革的力度、发展的速度和社会可承受的程度统一起来,把改善人民生活作为正确处理改革发展稳定关系的重要结合点。促进社会公平正义、增进人民福祉,既要锐意进取、立说立行、紧抓快办,找准群众所思所盼所忧所急,制定实施有针对性的改革举措;又要把握大局、审时度势、统筹兼顾、科学实施,避免急躁冒进,一件事情接着一件事情办,一年接着一年干。

处理好整体推进和重点突破的关系。习近平总书记强调,进一步全面深化改革"既要继续在全面上下功夫,使改革举措全面覆盖推进中国式现代化需要解决的突出问题;又要持续在深化上用实劲,突出经济体制这个重点,着力破除深层次体制机制障碍和结构性矛盾"。在任何工作中,我们既要讲两点论,又要讲重点论,既要注重总体谋划,又要注重牵住"牛鼻子"。促进社会公平正义、增进人民福祉,涉及方方面面工作,要坚持整体推进和重点突破相促进。要坚持系统观念,统筹各个方面、各个层次、各个要素、各类群体,从人民的整体利益、根本利益、长远利益出发谋划改革思路、制定改革举措,善于算大账、总账、长远账,增强改革系统性、整体性、协同性。同时要抓住重点,从老百姓急难愁盼中找准改革的发力点和突破口,从群众最期盼的事情做起,从群众最不满意的地方改起,解决好人民群众最关心最直接最现实的利益问题。

让改革发展成果更多更公平惠及全体人民

习近平总书记指出:"在全面深化改革进程中,遇到关系复杂、难以权衡的利益问题,要认真想一想群众实际情况究竟怎样?群众到底在期待什么?群众利益如何保障?群众对我们的改革是否满意?"新征程上,改革发展的艰巨性和复杂性前所未有,人民群众的需求呈现多样化多层次多方面的特点,促进社会公平正义、增进人民福祉面临的形势更加复杂、任务更加繁重。我们要深入贯彻落实党的二十届三中全会精神,坚持以人民为中心的发展思想,从人民群众关注的焦点、百姓生活的难点中找准改革的发力点和突破口,把人民群众急难愁盼的问题清单转化为改革的责任清单、任务清单,多推出一些民生所急、民心所向的改革举措,实打实为群众排忧解难,切实提升改革的精准性、针对性、实效性。

坚持改革为了人民。人民有所呼,改革有所应。以促进社会公平正义、增进人民福祉为出发点和落脚点进一步全面深化改革,必须走好新时代党的群众路线,使改革的思路与举措契合人民群众的愿望与诉求。要坚持从群众中来,到群众中去,时刻保持党同人民群众的血肉联系,了解民情、掌握民意,把民意的"最大公约数"作为进一步全面深化改革的重要依据,实施人民所认同、所拥护的改革举措,确保改革措施的科学性、公平性和可行性,让改革更深入、更广泛地扎根在人民群众之中,始终朝着正确的方向前进。

坚持改革依靠人民。人民群众是真正的英雄,是我们力量的源泉,也是推进改革的主体。以促进社会公平正义、增进人民福祉为出发点和落脚点进一步全面深化改革,就要坚定不移依靠人民群众,尊重人民主体地位和首创精神,充分调动人民群众的积极性、主动性和创造性，激发群众参与改革的热情、畅通群众参与改革的渠道、健全群众参与改革的机制，及时总结群众创造的新鲜经验，从人民群众的实践与智慧中汲取养分，最大范围凝聚改革共识，最大程度激发改革力量，为进一步全面深化改革持续注入强劲动力。要坚持把人民拥护不拥护、赞成不赞成、高兴不高兴、答应不答应作为制定改革政策的依据，让人民群众来评价改革的成效。

坚持改革成果由人民共享。民生之计，在于安民、富民、乐民。以促进社会公平正义、增进人民福祉为出发点和落脚点进一步全面深化改革，要遵循民生事业发展规律，时刻把群众安危冷暖放在心上，完善基本公共服务制度体系，加强普惠性、基础性、兜底性民生建设，兜住、兜准、兜牢基本民生底线，着力缩小地区差距、城乡差距和收入差距，持续推进基本公共服务均等化。要完善收入分配制度，完善就业优先政策，健全社会保障体系，深化医药卫生体制改革，健全人口发展支持和服务体系，不断扩大改革受益面，扎实推进共同富裕，让人民群众有更多获得感、幸福感、安全感，不断满足人民对美好生活的向往。

(《人民日报》2024年7月30日第9版)

进一步全面深化改革必须坚持党的全面领导

张忠军

党的二十届三中全会提出进一步全面深化改革的重大原则，排在首位的就是"坚持党的全面领导"。这是对改革开放以来特别是新时代全面深化改革宝贵经验的科学总结，深刻揭示了我国改革开放成功推进的根本原因，指明了进一步全面深化改革、推进中国式现代化的根本保证。贯彻这一重大原则，就要深刻认识坚持党的全面领导的重大意义，深刻把握坚持党的全面领导与进一步全面深化改革的内在联系，切实把党的领导贯穿改革各方面全过程，确保改革始终沿着正确政治方向前进。

坚持党的全面领导蕴含着深刻的理论逻辑、历史逻辑、实践逻辑

办好中国的事情，关键在党。中国共产党领导是中国特色社会主义最本质的特征，是中国特色社会主义制度的最大优势。坚持党对改革的全面领导，坚定维护党中央权威和集中统一领导，发挥党总揽全局、协调各方的领导核心作用，把党的领导贯穿改革各方面全过程，蕴含着深刻的理论逻辑、历史逻辑、实践逻辑。

从理论逻辑看，党的领导权问题是马克思主义建党学说的一个重大问题。马克思主义认为，无产阶级政党是先进生产力和生产关系的代表，在建立和建设新社会、领导社会革命的进程中，必须形成统一的步伐、一致的行动，掌握对各种社会力量、社会资源、社会活动的领导权。习近平总书记指出："中国共产党是执政党，党的领导是做好党和国家各项工作的根本保证，是我国政治稳定、经济发展、民族团结、社会稳定的根本点"。党政军民学，东西南北中，党是领导一切的。新时代新征程上推动全面深化改革向广度和深度进军、将改革进行到底，必须坚持党的全面领导，充分发挥党总揽全局、协调各方的领导核心作用。

从历史逻辑看，坚持党的全面领导是对改革开放宝贵经验的科学总结。习近平总书记在庆祝改革开放40周年大会上总结改革开放积累的宝贵经验，第一条就是"必须坚持党对一切工作的领导"。改革开放40多年的历史告诉我们，正是因为始终坚持党的集中统一领导，我们才能实现伟大历史转折、开启改革开放新时期和中华民族伟大复兴新征程，才能既不走封闭僵化的老路也不走改旗易帜的邪路，而是坚定不移走中国特色社会主义道路，把改革开放和社会主义现代化建设事业不断推向前进，推进中华民族从站起来到富起来的伟大飞跃，使中国大踏步赶上了时代。

从实践逻辑看，坚持党的全面领导是新时代全面深化改革取得历史性伟大成就的根本原因。党的十八届三中全会开启了新时代全面深化改革、系统整体设计推进改革新征程。面对严峻复杂的国际环境和艰巨繁重的国内改革发展稳定任务，以习近平同志为核心的党中央团结带领全党全军全国各族人民，以伟大的历史主动、巨大的政治勇气、强烈的责任担当，冲破思想观念束缚，突破利益固化藩篱，敢于突进深水区，敢于啃硬骨头，敢于涉险滩，坚决破除各方面体制机制弊端，实现改革由局部探索、破冰突围到系统集成、全面深化的转变，各领域基础性制度框架基本建立，许多领域实现历史性变革、系统性重塑、整体性重构。实践证明，改革必定要触及深层次利益格局的调整和制度体系的变革，必定会面临这样那样的风险挑战。要确保改革立场不移、方向不偏，始终朝着正确政治方向前进，始终把牢价值取向，必须坚持党的全面领导。

坚持党的全面领导为进一步全面深化改革、推进中国式现代化提供根本保证

党的二十届三中全会强调，党的领导是进一步全面深化改革、推进中国式现代化的根本保证。党是最高政治领导力量，处于国家治理体系的核心位置，始终是我们各项事业的坚强领导核心。我们要深刻把握党的全面领导对于进一步全面深化改革、推进中国式现代化的重要意义。

确保进一步全面深化改革正确方向。我们的改革开放是有方向、有立场、有原则的。习近平总书记指出："推进改革的目的是要不断推进我国社会主义制度自我完善和发展，赋予社会主义新的生机活力。这里面最核心的是坚持和改善党的领导、坚持和完善中国特色社会主义制度，偏离了这一条，那就南辕北辙了。"只有毫不动摇坚持党的全面领导，才能确保进一步全面深化改革始终坚持正确方向，否则就会偏离航向、丧失灵魂，甚至犯颠覆性错误。新征程上，进一步全面深化改革面临纷繁复杂的国际国内形势，我们必须在坚持党的全面领导这个大是大非的重大原则性问题上头脑十分清醒、立场十分坚定。

推动进一步全面深化改革行稳致远。进一步全面深化改革，是一场广泛而深刻的社会变革，是全面的系统的改革和改进，是各领域改

革和改进的联动和集成。这项复杂的系统工程，涵盖领域的广泛性、触及利益格局调整的深刻性、涉及矛盾和问题的尖锐性、突破体制机制障碍的艰巨性、进行伟大斗争形势的复杂性，都要求坚持党的全面领导。要充分发挥党的全面领导这一最大政治优势，加强对改革的整体谋划、系统布局，推动生产关系和生产力、上层建筑和经济基础、国家治理和社会发展更好相适应，统筹部署经济体制改革和其他各领域改革形成合力，统筹处理好经济和社会、政府和市场、效率和公平、活力和秩序、发展和安全等重大关系，着力破解深层次体制机制障碍和结构性矛盾，确保进一步全面深化改革行稳致远。

凝聚进一步全面深化改革强大力量。在改革中，各种思想观念和利益诉求相互激荡，各种矛盾和风险隐患相互交织，能否打破利益固化藩篱、凝聚改革共识、汇聚改革力量直接关系改革成败。进一步全面深化改革，必须紧紧依靠人民，尊重人民主体地位和首创精神。坚持党的全面领导，可以充分发挥党强大的政治领导力、思想引领力、群众组织力、社会号召力，动员和组织全党和全社会的力量推进改革，凝聚进一步全面深化改革、推进中国式现代化的力量和智慧，形成改革创新活力竞相迸发、充分涌流的生动局面，共同为强国建设、民族复兴伟业而团结奋斗。

把党的领导贯穿改革各方面全过程

党的领导制度是我国的根本领导制度。提高党对进一步全面深化改革、推进中国式现代化的领导水平，就要推动党的全面领导在职能配置上更加科学合理、在体制机制上更加完备完善、在运行管理上更加高效，把进一步全面深化改革的战略部署转化为推进中国式现代化的强大力量。广大党员干部要始终以奋发有为的精神状态和"时时放心不下"的责任感，贯彻落实党中央关于进一步全面深化改革的战略部署，推动中国式现代化不断取得新进展新突破。

坚持党中央对进一步全面深化改革的集中统一领导。事在四方，要在中央。坚持党的全面领导，首先要坚定维护党中央权威和集中统一领导，特别是要坚决做到"两个维护"。经过长期探索实践特别是党的十八大以来的改革创新，党中央加强对改革的总体设计、统筹协调、整体推进，已经形成一整套有效领导改革的体制机制，如中央政治局常委会、中央政治局定期研究分析经济社会形势、决定重大事项，中央全面深化改革委员会负责改革领域重大工作的顶层设计、总体布局、统筹协调、整体推进、督促落实，等等。这些体制机制符合实际、行之有效，需要在进一步全面深化改革中长期坚持并与时俱进不断完善。

完善党中央重大决策部署落实机制。围绕贯彻落实党中央重大决策部署，党中央及有关部门建立完善了任务分工、督促检查、情况通报、监督问责等一系列制度，再加上上下贯通、执行有力的严密组织体系，能够确保党中央决策部署得到全程无缝落实。为进一步全面深化改革，各地区各部门要坚持局部服从整体、小道理服从大道理，切实履行对职责范围内改革的领导责任，严格执行向党中央请示报告制度，坚决贯彻党中央决策部署，推进各项改革任务落地见效，确保党中央令行禁止。改革创新最大的活力蕴藏在基层和群众中间，要尊重和发挥地方、基层、群众的首创精神。在保证党中央令行禁止前提下，鼓励各地区各部门结合实际开拓创新，创造可复制、可推广的新鲜经验。要走好新时代党的群众路线，把社会期盼、群众智慧、专家意见、基层经验充分吸收到改革设计中来，使改革更接地气，增强群众获得感、认同度。要围绕解决突出矛盾设置改革议题，优化重点改革方案生成机制，坚持真理、修正错误，及时发现问题、纠正偏差。

营造有利于进一步全面深化改革的良好党内政治生态。坚持党的全面领导，必须时刻保持解决大党独有难题的清醒和坚定，深化党的建设制度改革，保持以党的自我革命引领社会革命的高度自觉，调动全党抓改革、促发展的积极性、主动性、创造性。要加强党的创新理论武装，建立健全以学铸魂、以学增智、以学正风、以学促干长效机制。深化干部人事制度改革，鲜明树立重实干、重实绩、重担当的用人导向，引导干部树立和践行正确政绩观、全面提高现代化建设能力。增强党组织政治功能和组织功能，探索加强新经济组织、新社会组织、新就业群体党的建设有效途径，把党中央关于改革的决策部署贯彻好落实好，把各领域广大群众组织凝聚好。深入推进党风廉政建设和反腐败斗争，锲而不舍落实中央八项规定精神，坚决反对形式主义、官僚主义，切实为基层减负。完善一体推进不敢腐、不能腐、不想腐工作机制，着力铲除腐败滋生的土壤和条件，努力营造海晏河清的政治生态和良好的改革环境。

（《人民日报》2024年8月5日第9版）

进一步全面深化改革必须坚持以人民为中心

张 翼

党的二十届三中全会审议通过的《中共中央关于进一步全面深化改革、推进中国式现代化的决定》（以下简称《决定》）是新时代新征程上推动全面深化改革向广度和深度进军的总动员、总部署。《决定》明确了进一步全面深化改革的重大原则，其中一条是"坚持以人民为中心"。改革开放是亿万人民自己的事业。习近平总书记指出："改革发展必须坚持以人民为中心，把人民对美好生活的向往作为我们的奋斗目标，依靠人民创造历史伟业！"深入学习领会习近平总书记重要讲话精神，学习好贯彻好党的二十届三中全会精神，必须牢牢把握坚持以人民为中心这一重大原则，尊重人民主体地位和首创精神，人民有所呼、改革有所应，做到改革为了人民、改革依靠人民、改革成果由人民共享。

做到改革为了人民

人民性是马克思主义的本质属性。马克思、恩格斯在《共产党宣言》中指出："过去的一切运动都是少数人的，或者为少数人谋利益的运动。无产阶级的运动是绝大多数人的，为绝大多数人谋利益的独立的运动。"始终同人民在一起，为人民利益而奋斗，是马克思主义政党同其他政党的根本区别。为中国人民谋幸福、为中华民族谋复兴，是中国共产党人的初心和使命，也是改革开放的初心和使命。

习近平总书记指出："为了人民而改革，改革才有意义"。我们党抓改革、促发展，归根到底就是为了让人民过上更好的日子。党的十八大以来，以习近平同志为核心的党中央深入贯彻以人民为中心的发展思想，抓住人民最关心最直接最现实的利益问题推进改革，在幼有所育、学有所教、劳有所得、病有所医、老有所养、住有所居、弱有所扶上持续用力。比如，大力推进户籍制度改革，促进有能力在城镇稳定就业和生活的常住人口有序实现市民化，稳步推进城镇基本公共服务常住人口全覆盖；建成世界上规模最大的教育体系、社会保障体系、医疗卫生体系，教育普及水平实现历史性跨越，2023 年基本养老保险覆盖 10.66 亿人、基本医疗保险参保率稳定在 95% 以上……一系列改革举措让人民群众获得感、幸福感、安全感更加充实、更有保障、更可持续。

时代在发展，人民群众的需求也在不断变化。面对人民群众新期待，必须继续把改革推向前进，也必然要求做到改革为了人民。习近平总书记指出："如果不能给老百姓带来实实在在的利益，如果不能创造更加公平的社会环境，甚至导致更多不公平，改革就失去意义，也不可能持续。"进一步全面深化改革，必须把牢价值取向，《决定》在起草过程中重点把握了几点，其中之一就是"坚持人民至上，从人民整体利益、根本利益、长远利益出发谋划和推进改革"。只有坚持人民至上，从人民利益出发谋划改革思路、制定改革举措，把握和处理好涉及改革的重大问题，才能不断实现人民对美好生活的向往，这样的改革才有意义。

做到改革为了人民，必须深入了解人民群众需求，解决人民群众面临的实际问题，提升人民群众生活水平。为此，要深入调研，广泛听取各方面意见，了解人民群众在就业、教育、医疗、托育、住房、养老等方面的需求。要注重从老百姓急难愁盼中找准改革的发力点和突破口，多推出一些民生所急、民心所向的改革举措，多办一些惠民生、暖民心、顺民意的实事。同时，把是否促进经济社会发展、是否给人民群众带来实实在在的获得感作为改革成效的评价标准，不断改进和完善各项政策措施。

做到改革依靠人民

习近平总书记指出："依靠人民而改革，改革才有动力"。人民是历史的创造者，是决定党和国家前途命运的根本力量。40多年来，改革开放在认识和实践上的每一次突破和深化，改革开放中每一个新生事物的产生和发展，改革开放每一个领域和环节经验的创造和积累，无不来自亿万人民的智慧和实践。历史和实践充分证明，没有人民支持和参与，任何改革都不可能取得成功。无论遇到任何困难和挑战，只要有人民支持和参与，改革就没有克服不了的困难，就没有越不过的坎。

新时代，全面深化改革之所以能取得历史性伟大成就，一个主要原因就是广泛听取群众意见和建议，及时总结群众创造的新鲜经验，充分调动群众推进改革的积极性、主动性、创造性。比如，为了起草好"十四五"规划建议，习近平总书记主持召开7场座谈会，并强调："我们要着眼长远、把握大势，开门问策、集思广益，把加强顶层设计和坚持问计于民结合起来"。又如，这次全会前，文件起草组广泛征求意见，开展专题论证，进行调查研究，反复讨论修改。这些都是广泛听取群众意见和建议，把群众智慧充分吸收到改革设计中来的生动实践。在全面深化改革过程中，正是因为始终坚持以人民为中心，尊重人民主体地位，紧紧依靠人民推动改革，我们才在披荆斩棘的奋斗中续写了两大奇迹的新篇章。

改革越往后，难啃的硬骨头越多，推进改革矛盾多、难度大，但不改不行。同时，人民群众还有不少操心事、烦心事，我们的民生工作还有不少不尽如人意的地方。改革任务越繁重，就越要依靠人民群众支持和参与，善于通过提出和贯彻正确的改革措施带领人民前进，善于从人民的实践创造和发展要求中完善改革的政策主张。党的二十届三中全会召开前，习近平总书记主持召开企业和专家座谈会，聚焦改革，开门问策，表示"对大家提出的进一步全面深化改革的意见和建议，有关方面要认真研究吸纳"。人民群众中蕴藏着无穷的智慧和力量。在进一步全面深化改革进程中，遇到关系复杂、难以权衡的利益问题，遇到解决起来十分棘手的深层次问题，都要坚持问计于民、问需于民，加强对重大改革问题的调研，在改革设计中尽可能多听一听基层和一线的声音，充分吸收社会诉求、群众智慧、基层经验，依靠人民群众的力量找到解决问题的思路和动力。

做到改革依靠人民，就要聚焦发展全过程人民民主，坚持党的领导、人民当家作主、依法治国有机统一，推动人民当家作主制度更加健全、协商民主广泛多层制度化发展。要健全全过程人民民主制度体系，拓展民主渠道，丰富各层级民主形式，把人民当家作主具体、现实地体现到国家政治生活和社会生活各方面，把最广大人民智慧和力量凝聚到改革上来。

做到改革成果由人民共享

随着中国式现代化不断推进和拓展，人民对美好生活的向往也更加强烈。习近平总书记指出："我们党推进全面深化改革的根本目的，就是要促进社会公平正义，让改革发展成果更多更公平惠及全体人民。"从人民的整体利益、根本利益、长远利益出发，拿出更多改革创新举措，把就业、教育、医疗、社保、住房、养老、食品安全、生态环境、社会治安等问题一个一个解决好，才能让改革发展成果更多更公平惠及全体人民。《决定》提出"在发展中保障和改善民生是中国式现代化的重大任务"，并对"健全保障和改善民生制度体系"作出战略部署。落实好党的二十届三中全会部署的改革任务，要坚持尽力而为、量力而行，不断满足人民对美好生活的向往。

坚持尽力而为，以促进社会公平正义、增进人民福祉为出发点和落脚点。《决定》就完善收入分配制度、完善就业优先政策、健全社会保障体系、深化医药卫生体制改革、健全人口发展支持和服务体系等提出一系列重大改革举措。这些举措的落地见效，必将不断造福人民。贯彻落实党的二十届三中全会精神，要完善收入分配制度，规范收入分配秩序；优化创业促进就业政策环境，支持和规范发展新就业形态；健全灵活就业人员、农民工、新就业形态人员社保制度，全面取消在就业地参保户籍限制；加大保障性住房建设和供给，满足工薪群体刚性住房需求；深化医药卫生体制改革，实施健康优先发展战略；健全人口发展支持和服务体系，完善生育支持政策体系和激励机制，完善发展养老事业和养老产业政策机制，按照自愿、弹性原则稳妥有序推进渐进式延迟法定退休年龄改革；等等。要坚持"致广大而尽精微"，把各项改革工作做扎实、做到位。

坚持量力而行，在发展中保障和改善民生。习近平总书记指出："要统筹需要和可能，把保障和改善民生建立在经济发展和财力可持续的基础之上，不要好高骛远，吊高胃口，作兑现不了的承诺。"量力而行，强调的是必须一切从实际出发，充分考虑特定发展阶段的现实条件。要正确认识和处理好发展与保障和改善民生的关系，既要通过保障和改善民生来带动发展，又要根据发展水平确定民生的保障和改善程度。为此，要强化问题导向，从现实条件下可以做到的事情做起，紧盯老百姓在社会保障方面反映强烈的烦心事、操心事、揪心事不断推进改革，集中精力加强普惠性、基础性、兜底性民生建设，以钉钉子精神，一件事情接着一件事情办、一年接着一年干，锲而不舍推进民生保障事业持续发展。

（《人民日报》2024年8月6日第9版）

进一步全面深化改革必须坚持守正创新

李 捷

党的二十届三中全会审议通过的《中共中央关于进一步全面深化改革、推进中国式现代化的决定》（以下简称《决定》）科学总结改革开放以来特别是新时代全面深化改革的宝贵经验，提出进一步全面深化改革的重大原则，其中一条就是"坚持守正创新"。习近平总书记指出："我们从事的是前无古人的伟大事业，守正才能不迷失方向、不犯颠覆性错误，创新才能把握时代、引领时代。"坚持守正创新，就要坚持中国特色社会主义不动摇，紧跟时代步伐，顺应实践发展，突出问题导向，在新的起点上推进理论创新、实践创新、制度创新、文化创新以及其他各方面创新。

坚持守正创新，必须坚持正确政治方向，坚持中国特色社会主义不动摇

道路就是党的生命，道路问题是关系党的事业兴衰成败第一位的问题。中国特色社会主义是科学社会主义理论逻辑和中国社会发展历史逻辑的辩证统一，是根植于中国大地、反映中国人民意愿、适应中国和时代发展进步要求的科学社会主义，是实现中华民族伟大复兴的

必由之路。改革开放是党和人民事业大踏步赶上时代的重要法宝。中国特色社会主义之所以具有蓬勃生命力，就在于是实行改革开放的社会主义。只有改革开放才能发展中国、发展社会主义、发展马克思主义，强有力推进中国式现代化。

改革是社会主义制度自我完善和发展。完善和发展中国特色社会主义制度是一个动态过程，必然随着实践发展而不断发展。只有进一步全面深化改革，不断健全已有制度，持续推进制度创新、填补制度空白，不断完善各方面体制机制，才能更好适应新领域新实践需要，为中国式现代化提供强大动力和制度保障。中国特色社会主义在改革开放中产生，也必将在改革开放中发展壮大。改革开放和社会主义现代化建设新时期，我国大踏步赶上时代，靠的是改革开放。党的十八大以来，党和国家事业取得历史性成就、发生历史性变革，靠的也是改革开放。新时代新征程上，要开创中国式现代化建设新局面，仍然要靠改革开放。要非常清醒地认识到，改革开放是有方向、有立场、有原则的，我们的改革是在中国特色社会主义道路上不断前进的改革，既不走封闭僵化的老路，也不走改旗易帜的邪路，必须坚持中国特色社会主义不动摇。

《决定》明确了进一步全面深化改革的总目标：继续完善和发展中国特色社会主义制度，推进国家治理体系和治理能力现代化。到二〇三五年，全面建成高水平社会主义市场经济体制，中国特色社会主义制度更加完善，基本实现国家治理体系和治理能力现代化，基本实现社会主义现代化，为到本世纪中叶全面建成社会主义现代化强国奠定坚实基础。这一总目标，同党的十八届三中全会确定的全面深化改革的总目标一脉相承，同党的二十大作出的战略部署相衔接，为进一步全面深化改革明确了目标导向、政治方向。坚持守正创新进一步全面深化改革，必须以这一总目标为引领，坚持中国特色社会主义不动摇，将改革进行到底。

坚持守正创新，必须紧跟时代步伐，引领时代潮流

习近平总书记指出："认识世界发展大势，跟上时代潮流，是一个极为重要并且常做常新的课题。中国要发展，必须顺应世界发展潮流。"我们党从成立之日起，始终高度重视对时代的判断和把握，善于顺应时代、紧跟时代、引领时代是我们党的鲜明优势。

中华人民共和国的成立和巩固，是顺应时代大潮的产物。党的十一届三中全会作出把党和国家工作中心转移到经济建设上来、实行改革开放的历史性决策，是基于党对时代潮流的深刻洞察。党的十八届三中全会作出全面深化改革的顶层设计，开启了新时代全面深化改革、系统整体设计推进改革新征程，开创了我国改革开放全新局面，也是紧跟时代步伐、顺应时代潮流的结果。在进一步全面深化改革中坚持守正创新，要胸怀中华民族伟大复兴战略全局和世界百年未有之大变局，树立大历史观，从历史长河、时代大潮、全球风云中分析演变机理、探究历史规律，提出因应的战略策略，准确识变、科学应变、主动求变，在风云变幻中赢得主动，增强进一步全面深化改革的科学性、预见性、主动性、创造性，始终掌握新时代新征程党和国家事业发展的历史主动。

坚持守正创新，必须顺应实践发展、突出问题导向

实践第一的观点，体现马克思主义的精髓要义。问题是时代的声音和实践发展的风向标，回答并指导解决问题是理论的根本任务。问题是事物矛盾的表现形式，强调顺应实践发展、突出问题导向，就是

承认矛盾的普遍性、客观性，就是要善于把认识和化解矛盾作为打开工作局面的突破口。

习近平总书记指出："社会存在决定社会意识。我们党现阶段提出和实施的理论和路线方针政策，之所以正确，就是因为它们都是以我国现时代的社会存在为基础的。党的十八届三中全会对我国全面深化改革作出了总体部署，是从我国现在的社会存在出发的，即从我国现在的社会物质条件的总和出发的，也就是从我国基本国情和发展要求出发的。"当前和今后一个时期是以中国式现代化全面推进强国建设、民族复兴伟业的关键时期，在这一关键时期，我国发展面临的压力和挑战也是空前的，躲不过去，也绕不过去，必须克服困难向前闯。要从我国基本国情和发展要求出发，聚焦实践遇到的新问题、改革发展稳定存在的深层次问题、人民群众急难愁盼问题、国际变局中的重大问题、党的建设面临的突出问题，加强调查研究，准确把握客观实际，真正掌握规律，不断提出真正解决问题的新理念新思路新办法，把该改的、能改的改好、改到位，看准了就坚定不移抓。

《决定》深入分析推进中国式现代化面临的新情况新问题，适应发展需要，顺应群众期待，回应风险挑战，共提出 300 多项重要改革举措，覆盖推进中国式现代化的方方面面。这些重要改革举措都是涉及体制、机制、制度层面的内容，其中有的是对过去改革举措的完善和提升，有的是根据实践需要和试点探索新提出的改革举措，必将在顺应实践发展、突出问题导向中发挥牵引性、突破性作用。

坚持守正创新，必须在新的起点上推进理论创新、实践创新、制度创新、文化创新以及其他各方面创新

习近平总书记强调："惟改革者进，惟创新者强，惟改革创新者

胜。"进一步全面深化改革、推进中国式现代化，必须深刻洞察世界发展大势，准确把握人民群众的共同愿望，深入探索经济社会发展规律，不断拓展认识的广度和深度，敢于说前人没有说过的新话，敢于干前人没有干过的事情，不断推进理论创新、实践创新、制度创新、文化创新以及其他各方面创新，使改革更好体现时代性、把握规律性、富于创造性。

创新是一个民族进步的灵魂，是一个国家兴旺发达的不竭动力，也是中华民族最深沉的民族禀赋。坚持守正创新，是改革的本质要求。我们必须深刻认识抓创新就是抓发展、谋创新就是谋未来，在实践中大胆探索，通过创新来推动事业发展。《决定》提出的重要思想观点、重大战略部署、重大改革举措，集中体现了理论创新、实践创新、制度创新、文化创新以及其他各方面创新，深刻体现了坚持守正创新这一马克思主义思想方法和工作方法的内在要求。比如，《决定》提出"高水平社会主义市场经济体制是中国式现代化的重要保障"，深刻揭示了高水平社会主义市场经济体制与中国式现代化之间的内在关系；提出"科学的宏观调控、有效的政府治理是发挥社会主义市场经济体制优势的内在要求"，进一步深化了对"充分发挥市场在资源配置中的决定性作用，更好发挥政府作用"的规律性认识；提出"教育、科技、人才是中国式现代化的基础性、战略性支撑"，将教育、科技、人才统一于构建支持全面创新体制机制，充分体现了我们党对创新本质和规律的深刻洞察；等等。这些重要思想观点具有重要理论创新意义，深化了对一系列重大理论和实践问题的认识。《决定》坚持以制度建设为主线，破立并举、先立后破，提出构建高水平社会主义市场经济体制、健全推动经济高质量发展体制机制、构建支持全面创新体制机制、健全宏观经济治理体系、完善城乡融合发展体制机制、完善高水平对外开放体制机制、健全全过程人民民主制度体系、完善中国特色社会主义法治体系等，筑牢根本制度，完善基本制度，创新重要制度，集中体现了制度创新的要求。

深入贯彻落实党的二十届三中全会精神，要求各地区各部门以钉钉子精神把全会精神不折不扣贯彻落实好，同时要紧密结合实际，因地制宜，主动作为，在开拓创新中不断创造和积累新鲜经验。这意味着贯彻落实党的二十届三中全会精神的过程，也是一个不断推进理论创新、实践创新、制度创新、文化创新以及其他各方面创新的过程。

新征程上进一步全面深化改革，必须锚定总目标，坚持解放思想、实事求是、与时俱进、求真务实，坚守道不变、志不改的强大定力，永葆敢创新、勇攻坚的锐气胆魄，推动改革不断取得新突破，为强国建设、民族复兴伟业注入源源不断的强劲动力。

(《人民日报》2024年8月7日第9版)

进一步全面深化改革必须坚持以制度建设为主线

李忠杰

党的二十届三中全会审议通过的《中共中央关于进一步全面深化改革、推进中国式现代化的决定》（以下简称《决定》）提出了进一步全面深化改革的重大原则，"坚持以制度建设为主线"是其中一个重要方面，这也是改革开放以来特别是新时代全面深化改革的宝贵经验之一。深入学习贯彻习近平总书记关于全面深化改革的一系列新思想、新观点、新论断，深入学习贯彻党的二十届三中全会精神，进一步全面深化改革，必须深刻领会和把握这一重大原则，抓住制度建设这条主线，确保在制度建设上取得新的成效。

改革开放的宝贵经验和重要成果

制度是由宪法、法律、党章、党规以及其他方式规定的具有强制性、稳定性的规范体系，是在不同范围不同层面要求人们遵循的行为准则、运作程序、办事规程等。重视和加强制度建设，是我们党总结长期历史经验得出的重要认识和结论。1980年，邓小平同志指出："领导制度、组织制度问题更带有根本性、全局性、稳定性和长期性。""制度好可以使坏人无法任意横行，制度不好可以使好人无法充分做好事，甚至会走向反面。"改革开放以来，党和国家高度重视制度建设，取得了明显成效，各方面的制度日益健全、不断完善，治国理政的制度化水平明显提高。

新时代以来，我们党把制度作为关系党和国家事业发展的根本性、全局性、稳定性、长期性问题，把制度建设摆在更加突出的位置。党的十八届三中全会把"完善和发展中国特色社会主义制度，推进国家治理体系和治理能力现代化"确定为全面深化改革的总目标。党的十九届四中全会专门研究国家制度和国家治理问题，系统总结我国制度建设的重要经验，把改革开放以来制度探索创新的成果纳入系统化、整体化、规范化的制度体系和治理体系。

我们党坚决破除各方面体制机制弊端，通过全面深化改革完善各方面制度，着力构建系统完备、科学规范、运行有效的制度体系。坚持和完善社会主义基本经济制度，推动高质量发展；坚持和完善人民代表大会制度、中国共产党领导的多党合作和政治协商制度、民族区域自治制度以及基层群众自治制度，建设中国特色社会主义法治体系，用制度体系保证人民当家作主；加强文化领域制度建设，推进文化自信自强，铸就社会主义文化新辉煌；加强社会治理制度建设，不断促进社会公平正义，保持社会安定有序；加强生态文明制度建设，实行最严格的生态环境保护制度；等等。通过全面深化改革，加强制度建设，各领域基础性制度框架基本建立，中国特色社会主义制度更加成熟更加定型，国家治理体系和治理能力现代化水平明显提高，为全面建成小康社会提供了有力制度保障，也为全面建设社会主义现代化国家奠定了坚实基础。

完善和发展中国特色社会主义制度是一个动态过程，必然随着实践发展而不断发展。在新时代新征程上，已有制度需要不断健全，新领域新实践需要推进制度创新、填补制度空白。因此，进一步全面深化改革，必须以制度建设为主线，继续完善和发展各方面制度机制，固根基、扬优势、补短板、强弱项，不断把我国制度优势更好转化为国家治理效能。

筑牢根本制度、完善基本制度、创新重要制度

党的二十届三中全会确定进一步全面深化改革的总目标是继续完善和发展中国特色社会主义制度，推进国家治理体系和治理能力现代化。《决定》鲜明地突出体制机制改革，从制度着眼部署进一步全面深化改革的任务。《决定》共提出300多项重要改革举措，都是涉及体制、机制、制度层面的内容，其中有的是对过去改革举措的完善和提升，有的是根据实践需要和试点探索新提出的改革举措。《决定》提出"筑牢根本制度，完善基本制度，创新重要制度"。这三种不同类型的制度，构成了中国特色社会主义制度体系的基本框架，也是进一步全面深化改革中制度建设的重点。对这三类制度，必须精准认识和把握。

筑牢根本制度。根本制度反映中国特色社会主义制度本质内容和根本特征，起着奠基础、定方向、管全局的作用。比如，党的领导制度是我国根本领导制度。中国特色社会主义制度具有多方面显著优势，其中中国共产党领导是最大优势，是其他方面优势得以存在和发挥作用的根本保证。人民代表大会制度是我国根本政治制度，最大限度保障人民当家作主，把党的领导、人民当家作主、依法治国有机结合起来。新时代以来，我们党确立和坚持马克思主义在意识形态领域指导地位的根本制度，为巩固全体人民共同思想基础、凝聚团结奋斗强大精神力量提供了根本制度保障。根本制度是不可动摇、不可改变的，

改革的目的是进一步筑牢其根基，使之更为稳固。《决定》提出坚持马克思主义在意识形态领域指导地位的根本制度，坚持好、完善好、运行好人民代表大会制度，还专门部署了深化党的建设制度改革，等等，都体现了筑牢根本制度的重要要求。

完善基本制度。基本制度体现了根本制度的内在规定性，是中国特色社会主义制度体系的基础，是我们党在长期执政实践中探索创立的治国理政的主要制度。在经济方面，党的十五大提出，公有制为主体、多种所有制经济共同发展，是我国社会主义初级阶段的一项基本经济制度。党的十九届四中全会将社会主义基本经济制度概括为："公有制为主体、多种所有制经济共同发展，按劳分配为主体、多种分配方式并存，社会主义市场经济体制等"。《决定》提出以经济体制改革为牵引，把构建高水平社会主义市场经济体制摆在突出位置，并提出完善收入分配制度、规范收入分配秩序等重要举措，体现了对我国基本经济制度的完善。在政治方面，中国共产党领导的多党合作和政治协商制度、民族区域自治制度以及基层群众自治制度等，是我国基本政治制度。《决定》提出健全协商民主机制、健全基层民主制度等，体现了对我国基本政治制度的完善。我国基本制度集中体现我国国家制度和国家治理体系的优势，要通过改革进一步完善和发展，使制度优势更鲜明更显著展现出来。

创新重要制度。在制度体系中，重要制度上连着根本制度、基本制度，下接着各种具体的体制机制、程序规范。进一步全面深化改革，要以实践基础上的理论创新推动制度创新，坚持和完善现有制度，从实际出发及时制定一些新的制度，构建系统完备、科学规范、运行有效的制度体系。

提高制度建设的实际成效

以制度建设为主线进一步全面深化改革,必须坚持正确的价值取向和科学的改革方法,进一步提高制度建设的实际成效。

坚持以人民为中心。习近平总书记强调:"我们抓改革、促发展,归根到底就是为了让人民过上更好的日子。"以制度建设为主线进一步全面深化改革,必须坚持以人民为中心,尊重人民主体地位和首创精神,人民有所呼、改革有所应,做到改革为了人民、改革依靠人民、改革成果由人民共享。以促进社会公平正义、增进人民福祉为出发点和落脚点,从老百姓的关心点、期盼点入手抓住制度建设的着力点、突破口,使制度建设的成果真正顺应民心、惠及民生。畅通人民群众参与国家治理、社会治理的制度化渠道,走好新时代党的群众路线,充分汲取人民智慧,及时总结各方面的实践探索,把实践经验提炼上升为可复制、可推广的制度化成果。还要注意处理好人民群众眼前利益和长远利益的关系,既要及时推出能够解决群众急难愁盼问题的制度机制,也要进行前瞻性制度设计,保障好人民群众的长远利益、根本利益。

注重系统集成。改革越向纵深推进,就会面对更多深层次体制机制问题,各领域改革的关联性和互动性明显增强,制度建设要更加注重顶层设计、总体谋划、系统集成,推进各方面体制机制的配套和协同。比如,《决定》在"健全宏观经济治理体系"中提出:"围绕实施国家发展规划、重大战略促进财政、货币、产业、价格、就业等政策协同发力""把经济政策和非经济性政策都纳入宏观政策取向一致性评估";在"完善高水平对外开放体制机制"中提出:"强化贸易政策和财税、金融、产业政策协同"。这些都体现了制度建设更加注重系统集成的要求。要紧紧围绕推进中国式现代化这个主题，强化各项制度的系统集成，使各项制度彼此呼应、相互促进，不断释放改革效能。

注重破立并举、先立后破。习近平总书记指出："改革有破有立，得其法则事半功倍，不得法则事倍功半甚至产生负作用。"破，就是破除妨碍推进中国式现代化的思想观念和体制机制弊端，破解深层次体制机制障碍和结构性矛盾；立，就是建立新的体制机制，使生产关系和生产力、上层建筑和经济基础、国家治理和社会发展更好相适应。如果旧的制度破除了，新的制度还未建立起来，就容易形成制度真空，影响改革的最终成效。新的制度逐渐成熟并推开后，旧的制度随之退出，能够使改革的力度、速度与人民群众的接受程度更好统一起来，避免改革中出现风险矛盾叠加的状况。要把破与立更好地统筹起来，坚持破立并举、先立后破，把握政策调整和推进改革的时度效，防止畸重畸轻、单兵突进、顾此失彼，稳扎稳打地把改革继续推向深入。

（《人民日报》2024年8月8日第9版）

引领 为高质量发展提供强大动力

进一步全面深化改革必须坚持全面依法治国

张文显

依法治理是最可靠、最稳定的治理,法治是国家治理最科学最有效的方式。新时代以来,我们坚持在法治下推进改革、在改革中完善法治,以全面依法治国的突出成效推动全面深化改革向纵深发展。党的二十届三中全会审议通过的《中共中央关于进一步全面深化改革、推进中国式现代化的决定》深刻总结改革开放以来特别是新时代全面深化改革的宝贵经验,把"坚持全面依法治国"作为进一步全面深化改革的重大原则之一。深入学习贯彻党的二十届三中全会精神,要深刻认识和把握这一重大原则,不断增强在法治轨道上深化改革、推进中国式现代化的政治自觉、思想自觉、行动自觉,不断提高运用法治思维和法治方式深化改革、推动发展、化解矛盾、维护稳定、应对风险的能力。

为历史所证明、为实践所检验、为改革所要求

纵观人类文明史,不难发现法治与发展、法治与改革、法治与现代化具有密切关系。用明确的法律规范来调节社会生活、维护社会秩序,发挥法治在促进发展、深化改革、推进现代化中的重要作用,是

古今中外治国理政的共同经验。

我们党领导革命、建设、改革的长期实践，充分说明法治对于改革发展稳定、对于社会主义现代化建设具有重要意义。在领导制定五四宪法时，毛泽东同志曾把宪法比喻为"轨道"，指出："用宪法这样一个根本大法的形式，把人民民主和社会主义原则固定下来，使全国人民有一条清楚的轨道，使全国人民感到有一条清楚的明确的和正确的道路可走"。对于如何把社会主义现代化建设纳入法治轨道，我们党领导人民进行了不懈探索。改革开放以来，我们党把法治作为治国理政的基本方式，坚持运用法治思维和法治方式推动改革，先后五次修改现行宪法，为改革开放和社会主义现代化建设提供根本法律依据；不断完善以宪法为核心的中国特色社会主义法律体系，编纂民法典，健全社会主义市场经济法律制度，推动生产关系和生产力、上层建筑和经济基础、国家治理和社会发展更好相适应。立足推进和拓展中国式现代化的实践探索，总结人类历史上各种文明治乱兴衰的经验教训，习近平总书记明确提出"法治兴则国家兴，法治衰则国家乱""制度稳则国家稳，制度强则国家强"等重要论断，强调"在整个改革过程中，都要高度重视运用法治思维和法治方式，发挥法治的引领和推动作用""要坚持在法治轨道上推进国家治理体系和治理能力现代化""在法治轨道上全面建设社会主义现代化国家"。在习近平法治思想科学指引下，我们坚持全面依法治国，法治有效引导、推动、规范、保障全面深化改革，许多领域实现历史性变革、系统性重塑、整体性重构，推动我国迈上全面建设社会主义现代化国家新征程。

历史和现实启示我们，全面深化改革和全面依法治国相互促进、相辅相成。新征程上，只有继续坚持全面依法治国，沿着法治轨道进一步全面深化改革、推进中国式现代化，才能把制度优势更好转化为治理效能。实现进一步全面深化改革的总目标，聚焦构建高水平社会主义市场经济体制、聚焦发展全过程人民民主、聚焦建设社会主义文化强国、聚焦提高人民生活品质、聚焦建设美丽中国、聚焦建设更高水平平安中国、聚焦提高党的领导水平和长期执政能力进一步全面深化改革，都需要法治提供规则指引和制度保障。我们要深刻认识把坚持全面依法治国作为进一步全面深化改革重大原则的战略意义，准确把握党的二十届三中全会提出的"法治是中国式现代化的重要保障"的科学内涵和实践要求，深化立法领域改革，深入推进依法行政，健全公正执法司法体制机制，完善推进法治社会建设机制，加强涉外法治建设，以全面依法治国推动全面深化改革向广度和深度进军。

重在更好发挥法治的保障作用

进一步全面深化改革、推进中国式现代化是一项复杂的系统工程。改革越深入、中国式现代化越向前推进，遇到的阻力和压力就会越大，需要防范化解的风险就会越复杂，坚持全面依法治国就越重要、越迫切。坚持全面依法治国，在法治轨道上深化改革、推进中国式现代化，要坚持法治和改革同向发力、同步推进、相互促进，重在更好发挥法治固根本、稳预期、利长远的保障作用。

为进一步全面深化改革始终坚持正确方向提供支撑。方向决定前途，道路决定命运。改革的方向是一个根本性问题。确保进一步全面深化改革的正确方向，是更好发挥法治固根本、稳预期、利长远保障作用的必然要求。习近平总书记指出："我们的改革开放是有方向、有立场、有原则的。我们当然要高举改革旗帜，但我们的改革是在中国特色社会主义道路上不断前进的改革，既不走封闭僵化的老路，也不走改旗易帜的邪路""该改的、能改的我们坚决改，不该改的、不能改的坚决不改"。进一步全面深化改革的总目标是继续完善和发展中国特色社会主义制度,推进国家治理体系和治理能力现代化,指明了进一步全面深化改革的正确方向。在法治轨道上深化改革、推进中国式现代化,这里的"法治"不是别的什么"法治",而是中国特色社会主义法治。坚持党的领导,坚持中国特色社会主义制度,贯彻中国特色社会主义法治理论,这三个方面是中国特色社会主义法治道路的核心要义。沿着中国特色社会主义法治的轨道进一步全面深化改革,就要为坚持党的领导、坚持中国特色社会主义制度筑法治之基、行法治之力、积法治之势,以中国特色社会主义法治确保各项改革措施不走偏、不走样、不变形,始终朝着正确方向不断拓展和深化。

为中国式现代化行稳致远提供保障。轨道不仅支撑脚下,而且延伸远方。确保中国式现代化行稳致远,是在法治轨道上深化改革、推进中国式现代化的题中应有之义,是法治固根本、稳预期、利长远保障作用的鲜明体现。这就要求把坚持全面依法治国贯彻到进一步全面深化改革、推进中国式现代化各方面全过程,体现到经济建设、政治建设、文化建设、社会建设、生态文明建设各领域各环节,实现以法治凝聚改革共识、以法治引领改革方向、以法治规范改革进程、以法治化解改革风险、以法治巩固和扩大改革成果,不断增强改革的合法性与合理性、合规律性与合目的性。我们要深刻认识到,进一步全面深化改革、推进中国式现代化对法治的需求,不是一时一地的、个别的,而是全方位全过程全局性的。围绕筑牢根本制度、完善基本制度、创新重要制度,党的二十届三中全会提出的诸如"健全基层民主制度""完善收入分配制度""健全生态环境治理体系""强化国家安全工作协调机制"等300多项改革举措,大多包括建立制度、机制等方面的内容,都需要通过制定规则、厉行法治来落实。确保中国式现代化行稳致远,就要系统性回应进一步全面深化改革的法治需求,全面推进国家各方面工作法治化。

切实做到改革和法治相统一

进一步全面深化改革必须坚持全面依法治国,在法治轨道上深化改革、推进中国式现代化,最终落点是做到改革和法治相统一,重大改革于法有据、及时把改革成果上升为法律制度。一般而言,改革是"破"、法治是"立",如何才能做到二者相统一?习近平总书记指出:"科学立法是处理改革和法治关系的重要环节。"正确处理改革和法治的辩证关系,实现改革和法治同步推进,在改革与法治相统一中推进中国式现代化,关键是把握好科学立法这个重要环节,实现改革决策和立法决策相统一、相衔接。

确保重大改革于法有据。要维护国家法治统一、尊严、权威,坚持在法治下推进改革,以确保重大改革于法有据为着力点,做到破立并举、先立后破。这就要求立法主动适应改革需要,在研究改革方案和改革措施时,同步考虑改革涉及的立法问题,及时提出立法需求和立法建议,把改革急需的法律法规列为立法重点和优先项目,对涉及进一步全面深化改革的法律抓紧制定、及时修改;在立法时充分体现改革的方向、原则和要求,对与改革方案相抵触、已不适应改革要求的现行法律法规进行清理,及时修改或废止,不让某些过时的法律法规或其个别条款成为改革的"绊马索";对于实践条件还不成熟、需要先行先试的重大改革举措,可能突破现行法律规定的,必须按照法定程序作出授权,既不能随意突破法律红线,也不能简单以现行法律没有依据为由迟滞改革。

及时把改革成果上升为法律制度。习近平总书记指出:"中国特色社会主义实践向前推进一步,法治建设就要跟进一步。"每一次成功的改革都是一次成功的制度创新,改革成果来之不易,改革经验值得总结。要坚持在改革中完善法治，以及时把改革成果上升为法律制度为发力点，使改革成果制度化、法律化，推动我国社会主义法治不断凝聚党治国理政的理论成果和实践经验，始终成为制度之治最基本最稳定最可靠的保障。进一步全面深化改革、推进中国式现代化对立法质量提出更高要求。当前，及时把改革成果上升为法律制度，要更加注重立良法，不断提高立法质量，以良法促进发展、保障善治。要从立法供给侧入手，深入推进科学立法、民主立法、依法立法。注重运用法治威力巩固和拓展改革成果，把实践证明行之有效的经验和做法用法律形式予以确认，使之成为必须普遍遵循的行为规范。深化法治领域改革，协同推进立法、执法、司法、守法各环节改革，把法治信仰、法治权威、法治效用贯穿和体现到改革的全部实践中。

（《人民日报》2024年8月9日第9版）

引领 为高质量发展提供强大动力

进一步全面深化改革必须坚持系统观念

顾海良

党的二十届三中全会《决定》提出进一步全面深化改革的重大原则，其中包括"坚持系统观念"。党的十八大以来，以习近平同志为核心的党中央团结带领全党全军全国各族人民坚持系统观念，着力增强改革系统性、整体性、协同性，实现改革由局部探索、破冰突围到系统集成、全面深化的转变，取得历史性伟大成就。总结和运用改革开放以来特别是新时代全面深化改革的宝贵经验，进一步全面深化改革，必须贯彻"坚持系统观念"这个重大原则，强化系统集成，加强对改革整体谋划、系统布局，使各方面改革相互配合、协同高效。

坚持系统观念是改革的重要思想和工作方法

习近平总书记指出："系统观念是具有基础性的思想和工作方法。"万事万物是相互联系、相互依存的。坚持系统观念是马克思主义唯物辩证法的内在要求，强调坚持用普遍联系的、发展变化的、统筹兼顾的观点观察事物，认识和把握事物发展规律。我国是一个发展中大国，仍处于社会主义初级阶段，正在经历广泛而深刻的社会变革，推进改革发展、调整利益关系往往牵一发而动全身。只有坚持系统观念，才能把握全局和局部、当前和长远、宏观和微观、主要矛盾和次要矛盾、特殊和一般的关系，通过历史看现实、透过现象看本质；才能以全局观念谋划各项改革举措之间的协调配套，推动各领域各方面改革同向发力、形成合力，增强整体效能；才能更好注重系统集成，为前瞻性思考、全局性谋划、整体性推进党和国家各项事业提供科学思想和工作方法。

新时代，在全面深化改革的进程中，坚持系统观念得到了充分运用。习近平总书记指出："全面深化改革涉及党和国家工作全局，涉及经济社会发展各领域，涉及许多重大理论问题和实际问题，是一个复杂的系统工程。"随着改革不断深入，我们高度重视各个领域各个环节改革的关联性、互动性，强调在各项改革协同配合中全面深化改革。对涉及面广的改革，我们既抓住主要矛盾和矛盾的主要方面，抓住"牛鼻子"，重点突破、攻坚克难，同时又推进配套改革，形成各项相关改革协同推进的合力，消除各项改革措施相互牵扯甚至相互抵触的问题。

坚持系统观念贯穿于我们党推进国家治理体系和治理能力现代化的全过程。新时代的全面深化改革，是一场国家制度和治理体系的深刻变革。我们党始终坚持突出制度建设这条主线，坚持系统观念，把深化改革攻坚同促进制度集成结合起来，聚焦基础性和具有重大牵引作用的改革举措，加强制度创新联动和衔接配套，不断健全制度框架，筑牢根本制度、完善基本制度、创新重要制度，提升改革综合效能。

坚持系统观念，离不开党中央对全面深化改革的集中统一领导。改革进入深水区，涉及问题之多、领域之广、矛盾之深前所未有。只有始终坚持党中央集中统一领导，才能增强各项改革的系统性、整体性、协同性，使改革方向目标清晰、战略部署明确、方法路径高效。党的十八届三中全会后，党中央成立全面深化改革领导小组。党的十九届三中全会后,中央全面深化改革领导小组改为中央全面深化改革委员会,自上而下形成党中央领导改革工作体制机制。正是在党中央的坚强领导下,我们统筹谋划、协同推进各项改革工作,注重把握各领域改革关联性和各项改革举措耦合性,统筹改革发展稳定的关系,统筹改革的各个方面、各个层次、各个要素,推动各项改革相互促进、良性互动、协同配合。

进一步全面深化改革必须坚持系统观念,处理好一些重大关系

进一步全面深化改革、推进中国式现代化,面临的各种矛盾更为错综复杂,对改革顶层设计的要求更高,对改革的系统性、整体性、协同性要求更高。习近平总书记强调:"强化系统集成,加强对改革整体谋划、系统布局,使各方面改革相互配合、协同高效。"党的二十届三中全会《决定》提出:"处理好经济和社会、政府和市场、效率和公平、活力和秩序、发展和安全等重大关系"。我们要坚持系统观念,处理好这些重大关系,不断增强改革的系统性、整体性、协同性。

处理好经济和社会的关系。经济发展是社会发展的基础,社会保持稳定并不断发展是经济发展的前提。处理好经济和社会的关系,既要始终聚焦经济建设这一中心工作和高质量发展这一首要任务,把深化经济体制改革作为进一步全面深化改革的重点,又要坚持在发展中保障和改善民生,不断满足人民对美好生活的向往,实现二者的良性互动与协调发展。

处理好政府和市场的关系。发展社会主义市场经济是我们党的一个伟大创造,关键是处理好政府和市场的关系。处理好政府和市场的关系,必须讲辩证法、两点论,充分发挥市场在资源配置中的决定性

作用，创造更加公平、更有活力的市场环境，实现资源配置效率最优化和效益最大化，同时更好发挥政府作用，既"放得活"又"管得住"，更好维护市场秩序、弥补市场失灵，畅通国民经济循环，激发全社会内生动力和创新活力。

处理好效率和公平的关系。效率和公平互为条件、相互促进，效率的提高要以公平为前提，公平要建立在效率的基础上。中国式现代化既要创造比资本主义更高的效率，又要更有效地维护社会公平。处理好效率和公平的关系，就要进一步解放和发展生产力，让一切劳动、知识、技术、管理、资本的活力竞相迸发，让一切创造社会财富的源泉充分涌流，同时不断提升发展的平衡性、协调性、包容性，更好实现效率与公平相兼顾、相促进、相统一。

处理好活力和秩序的关系。良好的社会秩序是社会活力迸发的前提和保障，社会活力的迸发则会进一步促进形成良好的社会秩序。中国式现代化应当而且能够实现活而不乱、活跃有序的动态平衡。处理好活力和秩序的关系，要坚持系统治理、依法治理、综合治理、源头治理，维护社会稳定，同时充分调动人民群众的积极性、主动性、创造性，让创新创造的活力充分涌流、竞相迸发，为进一步全面深化改革创造安定有序又充满活力的社会环境。

处理好发展和安全的关系。发展和安全是一体之两翼，安全是发展的前提，发展是安全的保障，只有二者同步推进，才能实现国家长治久安和可持续发展。要贯彻总体国家安全观，健全国家安全体系，增强维护国家安全能力，坚定维护国家政权安全、制度安全、意识形态安全和重点领域安全。必须统筹发展和安全，坚持发展和安全并重，推动实现高质量发展和高水平安全良性互动。

坚持系统观念，抓好改革落实

深入学习贯彻党的二十届三中全会精神，就要深刻理解和把握进一步全面深化改革、推进中国式现代化对坚持系统观念提出的新要求，齐心协力抓好改革落实，形成推进改革开放的强大合力。

以全局观念和系统思维谋划推进改革。习近平总书记指出："改革要更加注重系统集成，坚持以全局观念和系统思维谋划推进，加强各项改革举措的协调配套，推动各领域各方面改革举措同向发力、形成合力，增强整体效能"。新时代全面深化改革是在总目标引领下统筹部署、分领域推进的。党的十八届三中全会明确全面深化改革的总目标是完善和发展中国特色社会主义制度，推进国家治理体系和治理能力现代化，并提出"六个紧紧围绕"。党的二十届三中全会明确进一步全面深化改革的总目标是继续完善和发展中国特色社会主义制度，推进国家治理体系和治理能力现代化，并提出"七个聚焦"，增加了安全领域，对各领域目标要求也与时俱进作了丰富和完善。这些目标要求都是进一步全面深化改革的题中应有之义。"七个聚焦"既抓住根本、突出重点，又坚持全局观念和系统思维，将改革视为一个有机整体，对改革进行整体谋划、系统布局。我们要全面理解和把握进一步全面深化改革的总目标，既准确领会每个"聚焦"的鲜明指向和丰富内涵，又对照总目标把握好相互之间的内在联系，确保各领域改革相互促进、协同配合，防止和克服各行其是、相互掣肘的现象。

把坚持系统观念贯穿于推进中国式现代化全过程。习近平总书记指出："进一步全面深化改革，要紧扣推进中国式现代化这个主题"。党的二十届三中全会《决定》注意把握紧紧围绕推进中国式现代化、落实党的二十大战略部署来谋划进一步全面深化改革。推进中国式现代化是一个系统工程，需要统筹兼顾、系统谋划、整体推进。因此，深入学习贯彻党的二十届三中全会精神，抓好改革落实，要在推进中国式现代化的宏阔视野下，坚持系统观念，把各项重大改革举措的落实统一于推进中国式现代化这一系统工程。比如，《决定》围绕教育、科技、人才这个中国式现代化的基础性、战略性支撑，提出构建支持全面创新体制机制；围绕城乡融合发展这个中国式现代化的必然要求，提出完善城乡融合发展体制机制；围绕开放这个中国式现代化的鲜明标识，提出完善高水平对外开放体制机制；围绕发展全过程人民民主这个中国式现代化的本质要求，提出健全全过程人民民主制度体系；围绕法治这个中国式现代化的重要保障，提出完善中国特色社会主义法治体系；等等。坚持系统观念进一步全面深化改革，必须深刻把握各项重大改革举措与中国式现代化之间的内在关系，紧紧围绕推进中国式现代化这个主题，加强顶层设计、总体谋划，增强各方面改革的系统性、整体性、协同性，以进一步全面深化改革开辟中国式现代化广阔前景。

（《人民日报》2024年8月12日第9版）

引领 为高质量发展提供强大动力

紧紧围绕推进中国式现代化进一步全面深化改革

江金权

党的二十届三中全会通过的《中共中央关于进一步全面深化改革、推进中国式现代化的决定》（以下简称《决定》）指出："紧紧围绕推进中国式现代化进一步全面深化改革。"这是《决定》的点题之句，即进一步全面深化改革必须聚焦推进中国式现代化这个主题。《决定》全篇正是紧紧围绕这个主题来谋划和部署各领域改革的。壹引其纲，万目皆张。全面深入学习贯彻《决定》，首先必须把这个主题理解好、领悟好、贯彻好。

推进中国式现代化需要进一步全面深化改革

习近平总书记指出："改革开放是党和人民事业大踏步赶上时代的重要法宝，是党和国家保持生机活力的关键，是当代中国最鲜明的特色，也是当代中国共产党人最鲜明的品格。"党的十一届三中全会以来，我们党领导人民成功开创中国特色社会主义，大踏步赶上时代，靠的是改革开放。党的十八大以来，以习近平同志为核心的党中央领导人民推动中国特色社会主义进入新时代，如期实现第一个百年奋斗目标，成功开启向第二个百年奋斗目标进军的新征程，靠的也是改革开放。新时代新征程上，要把党的二十大描绘的中国式现代化蓝图变为现实，根本仍在于进一步全面深化改革。

《决定》指出："中国式现代化是在改革开放中不断推进的，也必将在改革开放中开辟广阔前景。"中国式现代化与改革开放相伴而生，没有改革开放就没有中国式现代化。同样，改革开放是中国式现代化的内在要求，不持续深入推进改革开放就实现不了中国式现代化。面对纷繁复杂的国际国内形势，面对新一轮科技革命和产业变革，面对人民群众新期待，唯有把改革开放进行到底，不断推动生产关系和生产力、上层建筑和经济基础、国家治理和社会发展更好相适应，才能为中国式现代化提供强大动力和制度保障。这就是党的二十大报告将坚持深化改革开放作为推进中国式现代化五项重大原则之一的深刻依据，也是党的二十届三中全会重点研究进一步全面深化改革的基本考量。

《决定》指出的"六个必然要求"，既集中概括了推进中国式现代化面临的形势，又鲜明提出了进一步全面深化改革需要回答的重大课题，深刻阐明了进一步全面深化改革对推进中国式现代化的重大意义。

第一，进一步全面深化改革是坚持和完善中国特色社会主义制度、推进国家治理体系和治理能力现代化的必然要求。中国特色社会主义制度是当代中国发展进步的根本制度保障。党的十八大以来，以习近平同志为核心的党中央围绕完善和发展中国特色社会主义制度、推进国家治理体系和治理能力现代化总目标全面深化改革，推动我国国家制度和治理体系建设取得重大成效。同时要深刻认识到，中国特色社会主义制度的完善是一个动态的历史过程，需要通过进一步全面深化改革固根基、扬优势、补短板、强弱项，推动各项制度更加完善，把我国制度优势更好转化为国家治理效能。

第二，进一步全面深化改革是贯彻新发展理念、更好适应我国社会主要矛盾变化的必然要求。高质量发展是全面建设社会主义现代化国家的首要任务，而不断深化体制机制改革则是推动高质量发展的重要条件。党的十八大以来，以习近平同志为核心的党中央把握我国社会主要矛盾变化，立足新发展阶段，提出和贯彻新发展理念，加快构建新发展格局，着力推进关系我国发展全局的深刻变革，推动高质量发展不断取得重大进展。当前，以新发展理念指引推动高质量发展依然面临不少体制机制障碍和卡点堵点，需要通过进一步全面深化改革来有效破解，为实现中国式现代化加油赋能。

第三，进一步全面深化改革是坚持以人民为中心、让现代化建设成果更多更公平惠及全体人民的必然要求。全体人民共同富裕是中国式现代化的本质特征，也是区别于西方现代化的显著标志。党的十八大以来，以习近平同志为核心的党中央坚持以人民为中心，采取有力措施保障和改善民生，打赢脱贫攻坚战，全面建成小康社会，为促进共同富裕创造了良好条件。当前，我们要扎实推进共同富裕，面临许多涉及深层次利益关系调整的复杂难题，必须通过进一步全面深化改革来建立健全同促进全体人民共同富裕相适应的制度体系，使人民获得感、幸福感、安全感更加充实、更有保障、更可持续。

第四，进一步全面深化改革是应对重大风险挑战、推动党和国家事业行稳致远的必然要求。中国式现代化是强国建设、民族复兴的康庄大道，但康庄大道不等于一马平川。当前，我国发展进入战略机遇和风险挑战并存、不确定难预料因素增多的时期，需要应对的风险挑战、需要防范化解的矛盾问题比以往更加严峻复杂。在这种条件下推进中国式现代化，必须准确识变、科学应变、主动求变，善于转危为安、化危为机。最根本的还是要向改革要办法，以改革提前量应对各种风险变量，依靠健全的治理体系和强大的治理能力战胜前进道路上的各种风险挑战。

第五，进一步全面深化改革是推动构建人类命运共同体、在百年变局加速演进中赢得战略主动的必然要求。在坚定维护世界和平和发展中谋求自身发展，又以自身发展更好维护世界和平和发展，推动构建人类命运共同体，是中国式现代化的突出特征。当前，世界百年未有之大变局加速演进，进入新的动荡变革期，我国发展面临的外部环境日益严峻。我们要在激烈的国际竞争特别是大国博弈中赢得战略主动，就必须进一步全面深化改革，健全落实"中国主张""中国倡议"和维护中国主权、安全、发展利益的制度安排，不断提升我国国际影响力、感召力、塑造力，为推进中国式现代化营造良好外部环境。

第六，进一步全面深化改革是深入推进新时代党的建设新的伟大工程、建设更加坚强有力的马克思主义政党的必然要求。党的领导直接关系中国式现代化的根本方向、前途命运、最终成败。推进中国式现代化必须毫不动摇地坚持党的全面领导。打铁还需自身硬。坚持党的领导，就必须深入推进新时代党的建设新的伟大工程，坚定不移推进党的自我革命。党的十八大以来，以习近平同志为核心的党中央以巨大政治勇气坚定不移推进全面从严治党，党在革命性锻造中更加坚强。同时，我们党还面临着一系列需要持续深入解决的大党独有难题，要求我们用改革精神和严的标准管党治党，健全全面从严治党体系，确保党始终成为中国特色社会主义事业的坚强领导核心。

进一步全面深化改革必须聚焦推进中国式现代化

习近平总书记指出："围绕党的中心任务谋划和部署改革，是党领导改革开放的成功经验。"回顾改革开放和社会主义现代化建设的历程可以看到，我们党总是在党的历次全国代表大会报告中把握历史的阶段性特征，确立发展目标和中心任务，用以统一意志、凝心聚力，然后再在三中全会上重点研究改革议题，把服务中心任务和战略目标作为改革的主题，通过改革为完成中心任务、实现战略目标增添动力。党的二十大确立了以中国式现代化全面推进强国建设、民族复兴伟业的中心任务。推进中国式现代化，是新时代新征程上凝聚全党全国人民智慧和力量的旗帜，也必然是进一步全面深化改革的主题。

《决定》紧紧围绕推进中国式现代化，在进一步全面深化改革的总目标中强调了"七个聚焦"，为进一步全面深化改革如何聚焦主题指明了方向。

一是聚焦构建高水平社会主义市场经济体制。高质量发展是全面建设社会主义现代化国家的首要任务，构建促进高质量发展的经济体制是进一步全面深化改革的重点。《决定》15个部分中有6个部分直接涉及经济体制改革，释放了进一步解放和发展社会生产力、激发和增强社会活力的强烈信号。只有坚持和发展我国基本经济制度，不断完善高质量发展的体制机制，才能建设好现代化经济体系。

二是聚焦发展全过程人民民主。发展全过程人民民主是中国式现代化的本质要求，健全完善全过程人民民主制度体系是进一步全面深化改革的应有之义。只有坚持党的领导、人民当家作主、依法治国有机统一，推动国家根本政治制度、基本政治制度、重要政治制度更加完善，才能更好顺应民心、汇集智慧、激发力量，确保进一步全面深化改革始终保持活跃有序、活而不乱的动态平衡，推动中国式现代化顺利向前发展。

三是聚焦建设社会主义文化强国。中国式现代化是物质文明和精神文明相协调的现代化，深化文化体制机制改革是进一步全面深化改革的重要内容。只有坚持马克思主义在意识形态领域指导地位的根本制度，不断健全文化事业、文化产业发展体制机制，才能推动文化繁荣，使全体人民精神财富极大丰富、在思想文化上自信自强，更好培育推进中国式现代化的精神力量。

四是聚焦提高人民生活品质。在发展中保障和改善民生是中国式现代化的重大任务，健全保障和改善民生制度体系是进一步全面深化改革的重要内容。只有从人民的整体利益、根本利益、长远利益出发谋划和推进改革，在推动人的全面发展、全体人民共同富裕上不断取得更为明显的实质性进展，改革才能得到人民群众的拥护和支持，中国式现代化才能获得强大动力源泉。

五是聚焦建设美丽中国。中国式现代化是人与自然和谐共生的现代化，深化生态文明体制改革是进一步全面深化改革的重要内容。我们必须统筹经济发展和生态环境保护，不能走西方现代化"先污染，后治理"的老路。只有聚焦建设美丽中国，健全生态环境保护体制机制，完善生态文明制度体系，推动经济社会发展全面绿色转型，才能以高品质生态环境支撑高质量发展。

六是聚焦建设更高水平平安中国。国家安全是中国式现代化行稳致远的重要前提，完善维护国家安全体制机制是进一步全面深化改革的应有之义。没有国家安全就不可能实现中国式现代化。只有统筹发展和安全，坚定不移贯彻总体国家安全观，健全国家安全体系，有效构建新安全格局，中国式现代化才能行稳致远。

七是聚焦提高党的领导水平和长期执政能力。党的领导是进一步全面深化改革、推进中国式现代化的根本保证。只有始终保持以党的自我革命引领社会革命的高度自觉，深化党的建设制度改革，健全全面从严治党体系，不断推进党的自我净化、自我完善、自我革新、自我提高，才能提高党的领导水平和长期执政能力，确保党始终成为中国特色社会主义事业的坚强领导核心。

把握落实围绕推进中国式现代化进一步全面深化改革要求的有效方法

进一步全面深化改革，各项改革举措都要紧扣推进中国式现代化这个主题不散光、不走神，以科学方法把围绕推进中国式现代化进一步全面深化改革要求落实到位。

一是坚持目标导向和问题导向相结合，增强围绕推进中国式现代化进一步全面深化改革的精准性。要以党的二十大确立的中国式现代化战略目标和《决定》确立的改革目标为方向引领，坚持从各种制约中国式现代化顺利推进的问题入手，查找体制机制障碍和制约因素，探求标本兼治之策。具体来讲，就是要以解决阻碍高质量发展的堵点问题、影响社会公平正义的热点问题、民生方面的难点问题、党的建设的突出问题、各领域的风险问题等为突破口，实行靶向治疗，着力破除深层次体制机制障碍和结构性矛盾，增强改革举措的针对性、精准度。

二是坚持整体推进和突出重点相结合，增强围绕推进中国式现代化进一步全面深化改革的协同性。《决定》对进一步全面深化改革、推进中国式现代化进行谋篇布局，既覆盖了全域，又突出了重点，体现了全面深化和重点突破辩证统一的鲜明特点。落实《决定》确立的改革任务，要把握这个特点。一方面，加强各项改革举措的协调配套，推动各领域各方面的改革举措同向发力、形成合力，增强改革的系统性、整体性、协同性，防止和克服各行其是、一盘散沙甚至相互掣肘的现象。另一方面，注重抓主要矛盾和矛盾的主要方面，哪里矛盾和问题最突出，哪里疙瘩最难解，就把改革矛头指向哪里，防止"眉毛胡子一把抓"、四面出击、平均用力，力求取得以重点带动全盘、以重点突破推动整体协同的良好效果。

三是坚持积极主动和扎实稳健相结合，增强围绕推进中国式现代化进一步全面深化改革的实效性。《决定》确立的改革任务，各地区各部门要积极主动抓落实，但改革的步子要稳健。要坚持破立并举、先立后破，防止破而不立带来管理混乱等负面效应。要因地制宜、适时而动，把握好改革时度效，综合考虑必要性和可行性，做好每项改革举措的论证评估，全面把握现实条件、社会预期和对其他方面的影响，充分考虑承受能力和可能带来的后果，把可能出现的情况考虑全，把应对各种风险的措施预备足，确保改革方案务实、管用、可行，防止脱离实际、盲目冒进，为发展留下隐患。要以实绩实效和人民群众满意度检验改革，实施对中国式现代化有意义、有价值的改革，防止为追求轰动效应搞劳而无功、劳民伤财的形象工程。

紧紧围绕推进中国式现代化进一步全面深化改革，必须坚持以习近平新时代中国特色社会主义思想为指导，深刻领悟"两个确立"的决定性意义，增强"四个意识"、坚定"四个自信"、做到"两个维护"。要深入学习贯彻习近平总书记关于全面深化改革的一系列新思想、新观点、新论断，掌握贯穿其中的立场观点方法并运用于改革实践，着力强化战略思维、历史思维、辩证思维、系统思维、创新思维、法治思维、底线思维，不断提高党对进一步全面深化改革、推进中国式现代化的领导水平。

（《人民日报》2024年8月14日第9版）

引领 为高质量发展提供强大动力

进一步全面深化改革的总目标

黄守宏

党的二十届三中全会通过的《中共中央关于进一步全面深化改革、推进中国式现代化的决定》(以下简称《决定》),全面贯彻习近平新时代中国特色社会主义思想,深入贯彻习近平总书记关于全面深化改革的一系列新思想、新观点、新论断,紧扣推进中国式现代化这个主题,明确了进一步全面深化改革的总目标,对新时代新征程各领域改革提出新要求。我们要充分认识进一步全面深化改革总目标的重大意义、丰富内涵和实践要求,把准方向、守正创新、真抓实干,在新时代新征程上奋力谱写改革开放新篇章。

深刻理解进一步全面深化改革的总目标

习近平总书记指出:"一个国家要发展,明确目标和路径很重要。"目标就是方向,目标就是引领,目标就是动力。我们党成立100多年来,之所以能够战胜无数艰难险阻、不断从胜利走向胜利,一条重要经验就是始终坚持实现共产主义的最高理想和最终目标,科学谋划确定革命、建设、改革各个历史时期的奋斗目标,以此指引全党全国人民的前进方向,凝聚起万众一心、团结奋进的强大力量,引领党和国家事业阔步前进。

改革开放40多年来，我们党在探索和实践过程中，不断深化对改革的规律性认识，逐步确立了全面深化改革的总目标，引领改革不断取得新的重大成就。党的十一届三中全会作出把党和国家工作中心转移到经济建设上来、实行改革开放的历史性决策，改革从农村到城市、从沿海到内地、从经济领域到其他领域迅速推进、不断拓展。针对改革不断深入所面临的时代性、体系性、全局性问题，党的十八大提出了全面深化改革的战略任务。习近平总书记指出："全面深化改革，全面者，就是要统筹推进各领域改革，就需要有管总的目标，也要回答推进各领域改革最终是为了什么、要取得什么样的整体结果这个问题。"党的十八届三中全会提出了全面深化改革的总目标，就是"完善和发展中国特色社会主义制度，推进国家治理体系和治理能力现代化"。党的十九大将全面深化改革总目标作为习近平新时代中国特色社会主义思想的重要内容并载入新修改的党章。全面深化改革总目标的确立，不仅实现了改革由局部探索、破冰突围到系统集成、全面深化的转变，而且为今后的改革指明了方向、提供了依据，具有重大现实意义和深远历史意义。在以习近平同志为核心的党中央坚强领导下，在全面深化改革总目标引领下，各领域基础性制度框架基本建立，许多领域实现历史性变革、系统性重塑、整体性重构，开创了我国改革开放全新局面，为党和国家事业取得历史性成就、发生历史性变革，为实现党的第一个百年奋斗目标、开启第二个百年奋斗目标新征程，注入了强大动力和活力。

《决定》提出了进一步全面深化改革的总目标，就是"继续完善和发展中国特色社会主义制度，推进国家治理体系和治理能力现代化"，这同党的十八届三中全会提出的总目标相比，在前面增加了"继续"两字，表明我们党在改革上道不变、志不改和接续奋斗的坚定决心。同时《决定》明确了到2035年的阶段性改革目标、分领域具体改革目标和时间表、路线图、任务书。进一步全面深化改革总目标与党的十八届三中全会提出的总目标既一脉相承，又有新的丰富和发展，体现了改革实践发展的连续性和阶段性，体现了党对改革认识的深化和系统化。深刻理解这个总目标，对于完成新时代新征程改革历史任务、贯彻落实好《决定》作出的各项改革部署、推进中国式现代化至关重要。

深刻理解进一步全面深化改革的总目标，坚定自觉紧扣中国式现代化这个主题。党的二十大擘画了全面建设社会主义现代化国家的宏伟蓝图，确立了以中国式现代化全面推进强国建设、民族复兴伟业的中心任务，全面深化改革要服从和服务于这个中心任务。只有深刻理解和锚定进一步全面深化改革的总目标，继续完善和发展中国特色社会主义制度，坚决破除妨碍推进中国式现代化的思想观念和体制机制弊端，着力破解深层次体制机制障碍和结构性矛盾，才能为完成中心任务、实现战略目标增添强劲动力、提供有力制度保障。

深刻理解进一步全面深化改革的总目标，引领改革始终沿着正确的方向前进。改革开放是一场深刻革命，必须坚持正确方向、沿着正确道路推进才能取得成功。进一步全面深化改革总目标，规定了进一步全面深化改革的根本方向是中国特色社会主义道路，体现了在根本方向指引下完善和发展中国特色社会主义制度的鲜明指向。只有深刻理解这一总目标并以此为根本尺度，才能做到对改什么、怎么改心中有数，坚持党的全面领导、坚持马克思主义、坚持中国特色社会主义道路、坚持人民民主专政等根本的东西不动摇，把该改的、能改的切实改好、改到位。

深刻理解进一步全面深化改革的总目标，不断增强改革的系统性、整体性、协同性。当前，全面深化改革进入攻坚期和深水区，面临的国内外形势更为复杂，涉及的利益格局调整和制度体系变革更为深刻，改革措施的关联性、耦合性、敏感性更加突出。只有深刻认识和充分发挥进一步全面深化改革总目标的统领作用，才能更好把握深化改革的战略重点、优先顺序、主攻方向、工作机制和推进方式，也才能更好制定和统筹实施各领域各方面的改革举措，协同发力、形成合力，增强整体效能，防止和克服各行其是、相互掣肘、效应对冲或合成谬误等问题。

准确把握到 2035 年的改革目标和分领域改革目标任务

综合考虑当前和今后一个时期改革开放和推进中国式现代化的形势任务，《决定》提出的进一步全面深化改革的总目标中，明确了到 2035 年的阶段性改革目标和"七个聚焦"的分领域改革目标，要求到 2029 年完成本决定提出的改革任务。这就形成了总目标统领下有总有分、总分结合、系统完备的目标体系。

在到 2035 年的阶段性改革目标中，突出全面深化改革的重点，明确"全面建成高水平社会主义市场经济体制"；紧扣全面深化改革的主轴，明确"中国特色社会主义制度更加完善，基本实现国家治理体系和治理能力现代化"；围绕新时代新征程党的中心任务，明确"基本实现社会主义现代化，为到本世纪中叶全面建成社会主义现代化强国奠定坚实基础"。这些目标，与党的十九大、二十大战略部署安排相一致，展现了进一步全面深化改革、推进中国式现代化的壮丽前景。

在"七个聚焦"的分领域改革目标中，对深化经济、政治、文化、社会、生态文明、国家安全和党的建设等领域改革，提出了前瞻性、战略性、引领性的目标要求。同党的十八届三中全会提出的分领域改革目标相比，增加了国家安全领域改革的目标，进一步凸显改革的全面性、系统性。

引领 为高质量发展提供强大动力

聚焦构建高水平社会主义市场经济体制，充分发挥市场在资源配置中的决定性作用，更好发挥政府作用，坚持和完善社会主义基本经济制度，推进高水平科技自立自强，推进高水平对外开放，建成现代化经济体系，加快构建新发展格局，推动高质量发展。推动市场经济基础制度更加完善，宏观经济治理体系更加健全，有效市场和有为政府更好结合。国家创新体系效能全面提升，进入创新型国家前列，建成教育强国、科技强国、人才强国。新质生产力发展的堵点难点有效破除，现代化经济体系构建形成，新型工业化、信息化、城镇化、农业现代化基本实现。建成更高水平开放型经济新体制，构建新发展格局、推动高质量发展的制度保障更加有力。

聚焦发展全过程人民民主，坚持党的领导、人民当家作主、依法治国有机统一，推动人民当家作主制度更加健全、协商民主广泛多层制度化发展、中国特色社会主义法治体系更加完善，社会主义法治国家建设达到更高水平。推动全过程人民民主制度体系更加健全，充分体现人民意志、保障人民权益、激发人民创造活力。人民当家作主制度保障全面加强，社会主义民主政治建设进一步发展。协商民主体系更为完善。依法治国得到全面落实，形成完备的法律规范体系、高效的法治实施体系、严密的法治监督体系、有力的法治保障体系。

聚焦建设社会主义文化强国，坚持马克思主义在意识形态领域指导地位的根本制度，健全文化事业、文化产业发展体制机制，推动文化繁荣，丰富人民精神文化生活，提升国家文化软实力和中华文化影响力。在新的历史起点上继续推进文化自信自强，激发全民族文化创新创造活力，增强实现中华民族伟大复兴的精神力量。文化体制进一步完善，现代公共文化服务体系更加健全，现代文化产业体系和市场体系基本形成。中国话语和中国叙事体系加快构建，中华文化影响力、中华民族凝聚力显著增强。

聚焦提高人民生活品质，完善收入分配和就业制度，健全社会保障体系，增强基本公共服务均衡性和可及性，推动人的全面发展、全体人民共同富裕取得更为明显的实质性进展。推动收入分配制度改革完善，基本形成以中等收入群体为主体的"橄榄型"社会结构，就业公共服务体系和劳动者权益保障制度更加完善。多层次社会保障体系和分层分类的社会救助体系更加健全，实现基本公共服务覆盖全民、兜住底线、均等享有。人的全面发展能力持续提升，人民群众获得感、幸福感、安全感更加充实、更有保障、更可持续。

聚焦建设美丽中国，加快经济社会发展全面绿色转型，健全生态环境治理体系，推进生态优先、节约集约、绿色低碳发展，促进人与自然和谐共生。深入践行绿水青山就是金山银山的理念，绿色生产生活方式广泛形成。清洁低碳安全高效的能源体系和绿色低碳循环发展的经济体系基本建立。生态安全屏障体系基本形成，生态环境根本好转，美丽中国目标基本实现。

聚焦建设更高水平平安中国，健全国家安全体系，强化一体化国家战略体系，增强维护国家安全能力，创新社会治理体制机制和手段，有效构建新安全格局。坚定不移贯彻总体国家安全观，国家安全法治体系、战略体系、政策体系、人才体系和运行机制更加健全，维护国家安全体系和能力全面加强。公共安全保障能力全面提高。共建共治共享的社会治理制度更加健全，社会治理效能明显提升，社会大局保持安全稳定。

聚焦提高党的领导水平和长期执政能力，创新和改进领导方式和执政方式，深化党的建设制度改革，健全全面从严治党体系。坚持和加强党中央集中统一领导，党总揽全局、协调各方的领导体制更加健全，科学执政、民主执政、依法执政能力全面提高。党的建设制度改革持续深化，新时代党的建设新的伟大工程深入推进。党的自我革命制度规范体系更加完善，党的自我净化、自我完善、自我革新、自我提高全面推进。

以进一步全面深化改革的总目标引领改革不断取得新成效

进一步全面深化改革，必须深入学习贯彻习近平总书记关于全面深化改革的重要论述，把握好习近平新时代中国特色社会主义思想的世界观和方法论，锚定继续完善和发展中国特色社会主义制度、推进国家治理体系和治理能力现代化这个总目标，突出改革重点，把牢价值取向，处理好重大关系，讲求方式方法。

要坚持党中央对全面深化改革的集中统一领导，深刻领悟"两个确立"的决定性意义，增强"四个意识"、坚定"四个自信"、做到"两个维护"，为全面深化改革提供根本政治保证。要坚持以人民为中心，坚持以促进社会公平正义、增进人民福祉为出发点和落脚点，从人民的整体利益、根本利益、长远利益出发谋划和推进改革，不断满足人民对美好生活的新期待。要坚持目标导向和问题导向相结合，围绕进一步全面深化改革的总目标，抓住主要矛盾和矛盾的主要方面，奔着问题去、盯着问题改，着力解决制约构建新发展格局和推动高质量发展的卡点堵点问题、发展环境和民生领域的痛点难点问题、有悖社会公平正义的焦点热点问题。要坚持系统观念，更加注重改革的系统集成，明确优先序，把握时度效，促进各项改革举措在目标取向上相互配合、在实施过程中相互促进、在改革成效上相得益彰。要坚持破立并举、先立后破，该立的要积极主动立起来，该破的要在立的基础上坚决破，在破立统一中逐步实现进一步全面深化改革的总目标。

（《人民日报》2024年8月15日第9版）

·下 篇·

深化国资国企改革

张玉卓

党的二十届三中全会对深化国资国企改革进一步作出重大部署，这是以习近平同志为核心的党中央着眼于全面推进中国式现代化、实现第二个百年奋斗目标作出的重要战略安排。我们要深入学习领会习近平总书记关于全面深化改革的重要论述，深刻认识深化国资国企改革的战略意义，牢牢把握改革的正确方向，全力落实好各项关键任务，以更高站位、更大力度把国资国企改革向纵深推进，更好地履行国资国企的新责任新使命，为以中国式现代化全面推进强国建设、民族复兴伟业作出更大贡献。

深刻认识深化国资国企改革的战略意义

国有企业是中国特色社会主义的重要物质基础和政治基础，是党执政兴国的重要支柱和依靠力量，在全面推进中国式现代化进程中发挥着不可替代的重要作用。深化国资国企改革，对于巩固公有制主体地位、更好发挥国有经济战略支撑作用、确保党长期执政和国家长治久安具有十分重要的意义。

更好履行国有企业功能使命的必然要求。习近平总书记强调，推进中国式现代化,是一项前无古人的开创性事业。当前,世界百年变局全方位、深层次加速演进,国际国内形势纷繁复杂,外部环境不确定、难预料成为常态,我国发展不平衡不充分问题仍然突出,推进强国建设、民族复兴伟业任务艰巨繁重。企业兴则国家兴,企业强则国家强。国有企业大多处在关系国家安全、国民经济命脉的重要行业和关键领域,是实现国家战略意图、应对外部环境变化和重大风险挑战的重要力量。要通过深化国资国企改革,切实把提升国有企业战略功能价值放在优先位置,聚焦国之大者、围绕国之所需,更好发挥科技创新、产业控制、安全支撑作用,以发展的确定性稳大局、应变局、开新局,推动党和国家事业行稳致远。

有力提升国有企业活力效率的关键之举。习近平总书记强调,国有企业要搞好就一定要改革,抱残守缺不行,改革能成功,就能变成现代企业。党的十八大以来,国有企业改革发展取得重大成就,一些深层次体制机制障碍有力破除,全国国资系统监管企业资产总额从2012年的71.4万亿元增长到2023年的317.1万亿元,利润总额从2012年的2.0万亿元增长到2023年的4.5万亿元,规模实力和质量效益明显提升。但必须清醒认识到,一些影响国有企业发展活力和内生动力的顽瘴痼疾尚未完全解决,一些企业仍然存在资产收益率不高、创新能力不足、价值创造能力不强等问题,与构建高水平社会主义市场经济体制的要求不适应。国有企业是国家治理体系的重要组成部分。要通过深化国资国企改革,以增强活力、提高效率为中心,抓重点、补短板、强弱项,不断提升现代企业治理能力和核心竞争力,加快锻造发展方式新、公司治理新、经营机制新、布局结构新的现代新国企。

加快推动国有企业发展新质生产力的现实需要。习近平总书记强调,高质量发展是全面建设社会主义现代化国家的首要任务,发展新质生产力是推动高质量发展的内在要求和重要着力点。当前,新一轮科技革命和产业变革深入发展，科技创新深刻重塑生产力基本要素，新质生产力已经在实践中形成并展示出对高质量发展的强劲推动力、支撑力。近年来，国有企业高质量发展迈出坚实步伐，但同时面临资源环境约束不断增多、传统生产力条件下的经济增长模式越来越难以为继等问题，关键核心技术受制于人的状况尚未根本扭转，对可能产生颠覆性影响的未来技术、未来产业布局还相对滞后。经济长期增长取决于全要素生产率提升，企业高质量发展关键要靠创新驱动。要通过深化国资国企改革，着力打通束缚新质生产力发展的堵点卡点，不断强化创新策源，加快推动科技创新基础上的产业创新，改造提升传统产业，培育壮大新兴产业，布局建设未来产业，开辟新领域新赛道，塑造新动能新优势，为现代化产业体系建设提供有力支撑。

牢牢把握深化国资国企改革的原则要求

贯彻落实党的二十届三中全会对深化国资国企改革作出的重大部署，必须以学习贯彻习近平总书记关于国有企业改革发展和党的建设的重要论述精神为统领，把好方向、守正创新，切实做到学思用贯通、知信行统一。

坚持党对国有企业的全面领导这一根本原则。坚定维护党中央权威和集中统一领导，把党的领导贯穿于深化国资国企改革各方面全过程，推动企业党的建设与生产经营深度融合，加强国有企业领导班子和干部人才队伍建设，积极营造风清气正的良好政治生态，切实发挥高质量党建的引领保障作用。

坚持做强做优做大国有资本和国有企业的总目标。坚持和落实"两个毫不动摇"，完整、准确、全面贯彻新发展理念，围绕实现高质量发展、服务构建新发展格局，推动国有企业既坚定不移做大、更意志坚定做强做优，不断发展壮大国有经济，巩固社会主义的经济基础；发挥国有经济引领带动作用，促进各种所有制经济优势互补、共同发展。

坚持增强核心功能、提高核心竞争力的改革重点。站位党和国家工作大局，引导国有企业强化战略安全、产业引领、国计民生、公共服务等功能，聚焦主责主业发展实体经济，提升持续创新能力和价值创造能力，加快向高质量、高效率、可持续的发展方式转变，着力塑造能够持续创造效益的独特竞争优势，培育一批具有全球竞争力的世界一流企业，切实提升国有企业功能价值，高水平实现经济属性、政治属性、社会属性的有机统一。

坚持"放得活"与"管得住"的辩证统一。坚持政企分开、政资分开，持续深化体制机制改革，充分尊重和维护企业法人财产权和经营自主权，把该放的放到位，使国有企业充满生机活力，创新创造的潜能充分激活；坚守防止国有资产流失底线，把该管的坚决管住，落实国有资产保值增值责任，健全防范国有资产流失的制度，完善国有资产监督管理体系，引导企业依法合规经营，实现国资国企治理现代化。

全面落实深化国资国企改革的重点任务

深化国资国企改革重在落实。要自觉把深化国资国企改革作为重大责任，与实施国有企业改革深化提升行动有效衔接，以钉钉子精神抓好贯彻落实，确保改革实效。

深入推进国有经济布局优化和结构调整。推动国有资本和国有企业做强做优做大，增强核心功能，提高核心竞争力。完善主责主业管理，制定完善国有企业主责主业动态管理办法，进一步明晰不同类型国有企业功能定位，构建依法履职、分类监管、动态调整、灵活授权的管理机制。健全国有企业投资管理制度，完善投资负面清单，建立投资后评价制度，坚决遏制部分国有企业盲目多元、"铺摊子"倾向。推进国有经济布局优化和结构调整，统筹国有经济重大生产力布局，明确国有资本重点投资领域和方向，推动国有资本向关系国家安全、国民经济命脉的重要行业和关键领域集中，向关系国计民生的公共服务、应急能力、公益性领域等集中，向前瞻性战略性新兴产业集中。健全国有资本合理流动机制，统筹推进战略性重组和专业化整合，加快调整存量结构，优化增量投向，加强在关键核心技术攻关和前瞻性战略性产业领域的投入布局，增加医疗卫生、健康养老、防灾减灾、应急保障等民生领域公共服务有效供给，增强重要能源资源托底作用，维护产业链供应链安全。深化国有资本投资、运营公司改革，打造国有资本投资布局、整合运作和进退流转的专业化平台，有效发挥投资公司产业投资功能和运营公司资本运作功能，促进存量资产盘活和低效无效资产处置，着力当好长期资本、耐心资本、战略资本。完善国有资本经营预算和绩效评价制度，强化国家重大战略任务和基本民生财力保障。

进一步深化分类改革、分类考核、分类核算。完善国有企业分类考核评价体系，根据企业不同功能作用，设置更有针对性、个性化的考核指标，探索实行"一业一策、一企一策"考核，充分体现对科技创新的高度重视，充分体现国家战略导向、战略要求，充分体现对共性量化指标与个体差异性的精准把握。建立国有企业履行战略使命评价制度，建立科学客观、可量化的国有企业功能价值评价体系，对国有企业履行战略使命情况进行定期评价。开展国有经济增加值核算，夯实国民经济结构调整的决策基础。推进能源、铁路、电信、水利、公用事业等行业自然垄断环节独立运营和竞争性环节市场化改革，推动公共资源配置市场化，健全监管体制机制。

健全国有企业推进原始创新制度安排。发挥新型举国体制优势，支持国有企业更大范围、更高层次、更深程度融入国家创新体系，积极承担国家重点研发计划、重大科技项目，牵头或参与国家科技攻关任务，强化项目、基地、人才、资金一体化配置，促进创新要素向企业集聚，推动国有企业真正成为原创技术创新决策、研发投入、科研组织、成果转化的重要主体。建立多元化资金投入机制，提升原创技术研发投入占比，建立企业研发准备金制度，鼓励开展高风险、高价值基础研究。加强关键共性技术、前沿引领技术、现代工程技术、颠覆性技术创新，推动科技创新从跟踪型向开创型、引领型转变。发挥国有企业市场需求、集成创新、组织平台优势，推进产学研用深度融合，完善产业链上下游、大中小企业协同创新合作机制，打造创新联合体升级版，推进从基础研究到产业化应用的全链条创新，促进科技创新与产业发展的良性循环。优化创新生态，实施更加积极、更加开放、更加有效的人才政策，灵活开展股权分红等多种形式中长期激励，加快推进科技成果赋权改革，加快建设国家战略人才力量，着力培养造就战略科学家、一流科技领军人才和创新团队，着力培养造就卓越工程师、大国工匠、高技能人才，大力弘扬优秀企业家精神和科学家精神，对科技创新活动给予足够包容支持。

完善国资国企管理监督体制机制。完善党领导国资国企工作的各项制度，坚持和加强党中央对国有经济的集中统一领导，强化对国有经济重大战略规划、重要方针政策、重大决策部署的顶层设计、统筹协调、整体推进、督促落实。增强各有关管理部门战略协同，加强政策协调和信息共享，最大程度减少行政干预，形成工作合力。不断健全经营性国有资产出资人制度和集中统一监管制度，打造专责专业的国有资产监管机构，深入推进专业化、体系化、法治化、高效化监管，强化经营性国有资产集中统一监管。完善中国特色国有企业现代公司治理，健全推进国有企业在完善公司治理中加强党的领导的制度机制，创新混合所有制企业党的建设工作机制，提升董事会建设质量，完善外部董事评价和激励约束机制，深化落实三项制度改革，深入实施经理层成员任期制和契约化管理，推动国有企业真正按市场化机制运营。健全更加精准规范高效的收入分配机制，深化国有企业工资决定机制改革，合理确定并严格规范国有企业各级负责人薪酬、津贴补贴等。以党内监督为主导，促进出资人监督和纪检监察监督、巡视监督、审计监督、社会监督等各类监督主体贯通协调，健全国有资产监督问责机制，不断提升监督效能，坚决防止国有资产流失。

（《人民日报》2024年8月16日第9版）

完善市场经济基础制度

罗 文

习近平总书记强调,要加快完善产权保护、市场准入、公平竞争、社会信用等市场经济基础制度。党的二十届三中全会对完善市场经济基础制度作出重要决策部署,明确提出了当前和今后一个时期完善市场经济基础制度的主要任务,这对构建高水平社会主义市场经济体制、建成现代化经济体系具有重要而深远的意义。我们要全面贯彻习近平新时代中国特色社会主义思想,深入学习领会党的二十届三中全会精神,坚决落实好完善市场经济基础制度的各项任务。

充分认识完善市场经济基础制度的重要意义

产权保护、市场准入、公平竞争、社会信用等市场经济基础制度,是社会主义市场经济有效运行的基本保障,是确保充分发挥市场在资源配置中的决定性作用、更好发挥政府作用的必要前提,是构建高水平社会主义市场经济体制的内在要求。

产权是所有制的核心,产权保护制度是社会主义市场经济运行的基石。只有完善归属清晰、权责明确、保护严格、流转顺畅的现代产权制度,才能依法有效保护各种所有制经济组织和公民财产权,增强人民群众财产财富安全感，增强社会信心，形成良好预期，增强各类经营主体创业创新动力，维护社会公平正义，保持经济社会持续健康发展和国家长治久安。

市场准入是经营主体参与经济活动的前提，市场准入制度是政府与市场关系的集中体现。只有构建开放透明、规范有序、平等竞争、权责清晰、监管有力的市场准入制度，由政府运用法治思维和法治方式加强市场监管，才能充分发挥市场在资源配置中的决定性作用和更好发挥政府作用，落实经营主体自主权、激发市场活力，营造市场化法治化国际化一流营商环境。

公平竞争是市场经济的核心，公平竞争制度是实现资源配置效率最优化和效益最大化的重要保障。只有构建覆盖事前、事中、事后全环节的公平竞争制度，才能实现资源优化配置和企业优胜劣汰，充分激发市场内生动力和企业创新活力，更好统筹活力和秩序、效率和公平，形成大中小企业融通发展的良性生态，维护中小企业发展空间，保障消费者权益和社会公共利益。

市场经济同时也是信用经济，社会信用制度是市场经济健康规范高效有序运行的重要基础。只有形成与国民经济体系各方面各环节深度融合的社会信用制度，才能健全经营主体信誉机制，使诚实守信成为市场运行的价值导向，推动培育高标准市场体系和高质量经营主体，构建以信用为基础的新型监管机制，降低制度性交易成本，有效防范化解市场运行风险。

构建高水平社会主义市场经济体制对完善市场经济基础制度提出了紧迫要求

以习近平同志为核心的党中央高度重视完善市场经济基础制度。

党的十八大以来,党中央深刻把握市场经济发展规律,不断加强我国市场经济基础制度建设。产权保护制度不断健全,有效保障了各类经营主体财产权利;市场准入负面清单制度建立实施,有效激发了市场内生动力和经营主体创新创业活力;竞争政策框架基本形成,有效解决了市场竞争不充分、不规范等一系列问题;社会信用体系建设加快推进,有效提高了全社会特别是经济活动参与者的诚信意识和信用水平。总体来看,市场经济基础制度的建立健全,为促进我国社会主义市场经济体制不断完善和经济社会健康发展提供了有力支撑。

同时要清醒认识到:把社会主义与市场经济有机结合起来,是一个伟大创举,既坚持社会主义基本原则、又符合市场经济一般规律的市场经济基础制度还需要不断完善;高质量发展是全面建设社会主义现代化国家的首要任务,完善推动高质量发展的激励约束机制、塑造发展新动能新优势,还需要市场经济基础制度的充分供给;发展新质生产力,必须形成与之相适应的新型生产关系,这对健全市场经济基础制度、促进各类先进生产要素向发展新质生产力集聚提出了更高要求;面对新一轮科技革命和产业变革,引领新业态新领域发展的市场经济基础制度还需要加快补齐短板。

当前和今后一个时期,是以中国式现代化全面推进强国建设、民族复兴伟业的关键时期。高水平社会主义市场经济体制是中国式现代化的重要保障。要实现2035年全面建成高水平社会主义市场经济体制、中国特色社会主义制度更加完善的目标,必须加快完善市场经济基础制度的进程;贯彻进一步全面深化改革要坚持以制度建设为主线的原则,必须把完善市场经济基础制度摆在更加重要的位置;推动社会主义市场经济体制更加系统完备、更加成熟定型,必须进一步提高市场经济基础制度的体系化、科学化水平。因此,我们要把完善市场经济基础制度作为进一步全面深化改革的一项重大而紧迫的任务,为加快构建高水平社会主义市场经济体制、推进中国式现代化提供制度保障。

完善市场经济基础制度必须遵循的原则

完善市场经济基础制度是构建高水平社会主义市场经济体制的重要内容，要坚持中国特色社会主义不动摇，坚持守正创新、紧跟时代步伐、顺应实践发展，在新的起点上推进制度创新，必须遵循以下原则。

坚持社会主义市场经济改革方向。我国实行的是社会主义市场经济体制，要坚持发挥我国社会主义制度的优越性。完善市场经济基础制度，必须着眼于加强党对经济工作的全面领导，更加有利于把党的领导贯穿于深化经济体制改革和加快完善社会主义市场经济体制全过程。必须着眼于坚持以人民为中心的发展思想，更加有利于发展为了人民、发展依靠人民、发展成果由人民共享。必须着眼于坚持和落实"两个毫不动摇"，更加有利于坚持和完善基本经济制度，进一步解放和发展社会生产力、激发和增强社会活力。

坚持正确处理政府和市场的关系。处理好政府和市场关系是经济体制改革的核心问题，要坚持有效市场和有为政府更好结合。完善市场经济基础制度，必须着眼于遵循市场经济一般规律，更加有利于充分发挥市场在资源配置中的决定性作用，着力解决政府干预过多和监管不到位问题。必须着眼于更好发挥政府作用，更加有利于保持宏观经济稳定、维护市场秩序和弥补市场失灵。必须着眼于厘清政府与市场边界，更加有利于转变政府职能、加强和优化公共服务，转变经济发展方式、激发全社会内生动力和创新活力。

坚持在法治轨道上推动制度完善。社会主义市场经济本质上是法治经济，要坚持运用法治思维和法治方式引导规范各类经济活动。完善市场经济基础制度，必须着眼于营造法治化营商环境，更加有利于营商环境的稳定、透明、公开、可预期，提高我国市场对各类要素资源的吸引力。必须着眼于完善法治化市场规则，更加有利于保障商品和要素自由流动、公平交易、平等使用，强化社会主义市场经济发展繁荣的内生动力。必须着眼于健全法治化监管制度，更加有利于规范社会主义市场经济秩序，确保市场经济既生机勃勃又井然有序。

坚持对各种所有制经济平等对待。公有制经济和非公有制经济都是社会主义市场经济的重要组成部分，都是我国经济社会发展的重要基础。完善市场经济基础制度，必须着眼于平等使用资源要素，更加有利于推动要素配置依据市场规则、市场价格、市场竞争实现效率最优化和效益最大化。必须着眼于公开公平公正参与市场竞争，更加有利于在准入许可、经营运行、招投标等方面破除各类不合理障碍和隐性壁垒。必须着眼于同等受到法律保护，更加有利于保障公有制经济财产权不可侵犯、非公有制经济财产权同样不可侵犯。

完善市场经济基础制度的主要任务

完善市场经济基础制度意义重大、影响深远。要按照党的二十届三中全会的重要部署，既注重急用先立、突出重点，又注重系统设计、分类推进，切实抓好以下四个方面的制度建设。

加快完善产权保护制度。一是健全以公平为原则的产权保护制度。健全归属清晰、权责明确、保护严格、流转顺畅的现代产权制度，依法平等长久保护各种所有制经济产权，坚持权利平等、机会平等、规则平等，废除对非公有制经济各种形式的不合理规定，消除各种隐性壁垒。制定和修订物权、债权、股权等产权法律法规，明晰产权归属，完善产权权能。加强数据、知识、环境等领域产权制度建设,健全自然资源资产产权制度和法律法规。二是加强产权执法司法保护。完善涉企产权案件申诉、复核、重审等保护机制,畅通涉政府产权纠纷和处理渠道,防止和纠正利用行政、刑事手段干预经济纠纷。对侵犯各种所有制经济产权和合法利益的行为实行同责同罪同罚。健全依法甄别纠正涉企冤错案件机制,完善惩罚性赔偿制度。三是建立高效的知识产权综合管理体制。加强专利、商标、原产地地理标志等集中统一管理,优化知识产权综合执法,提升知识产权综合管理效能。促进知识产权行政执法标准和司法裁判标准统一。健全知识产权侵权惩罚性赔偿制度和侵权纠纷行政裁决制度。

持续完善市场准入制度。一是深化注册资本认缴登记制度改革。实行实缴出资信息强制公示,强化真实出资的法律义务,实行依法按期认缴,加大对虚假出资和违反公示义务的法律责任追究。在公共安全、金融安全、社会稳定等安全风险程度较高领域,研究依法分类设定注册资本实缴的范围、比例和期限。健全完善经营主体登记管理法律制度体系。二是优化新业态新领域市场准入环境。加快构建绿色能源等领域准入政策体系,积极扩大数字产品市场准入。围绕战略性新兴产业重点领域,以政策法规、技术标准、检测认证、数据体系为抓手,更好促进新技术新产品应用。对于涉金融等经营主体,要健全与风险程度相适应的登记制度。三是完善企业退出制度。健全企业破产机制,探索建立个人破产制度,推进企业注销配套改革。建立覆盖所有经营主体的强制退出制度和简易退出制度,推动代位注销上升为制度规范。研究建立经营主体另册管理制度,被吊销营业执照、责令关闭、被撤销等特殊状态公司不再纳入正常管理范围。

切实完善公平竞争制度。一是健全公平竞争政策实施机制。健全市场竞争状况评估体系,提升竞争监管执法的前瞻性和预见性。进一步健全完善反垄断和反不正当竞争制度规则，加强和改进监管执法，营造稳定公开透明可预期的市场竞争环境。统筹考虑交易类型、市场份额、行业特性等因素，健全经营者集中分类分级反垄断审查机制，优化审查流程、提升审查效能。健全数字经济公平竞争治理规则，探索建立互联网平台规则、算法等竞争审查评估制度。二是健全公平竞争审查制度体系。实施公平竞争审查条例，制修订实施细则及重点行业审查规则，持续破除影响市场公平竞争的障碍和隐性壁垒。健全公平竞争审查抽查、督查、举报处理机制，加强公平竞争审查督查和重点领域专项抽查，建立健全第三方审查和评估机制。三是完善市场信息披露和商业秘密保护制度。深入实施新修订的《企业信息公示暂行条例》，规范企业信息公示行为。修订完善信息披露制度规则，构建清晰的分行业信息披露制度框架，研究完善信息披露豁免制度，着力提升信息披露质量。推动修订反不正当竞争法、商业秘密保护规定，进一步完善商业秘密保护法律框架，加大商业秘密保护行政执法力度。加快推进商业秘密保护标准、指引建设，探索建立与高水平国际经贸规则相衔接的商业秘密保护体系。

不断健全社会信用制度和监管制度。一是健全以信用为基础的新型监管机制。完善全链条全生命周期信用监管体系，以监管方式创新提升事前事中事后监管效能。建立健全信用分级分类监管制度，以信用风险为导向优化配置监管资源，提升监管精准性和有效性。完善信用承诺制度，探索信用合规机制建设。二是推动企业信用评价公平统一。完善信用信息标准，建立综合性电子信用档案，强化信用信息共享共用，全面记录覆盖各类经营主体全生命周期的信用状况。健全信用评价制度，全面建立企业信用状况综合评价体系。健全守信激励和失信惩戒措施安排，提升经营主体的诚信意识和信用合规水平。三是完善信用修复机制。建立健全权责清晰、运行顺畅的信用修复工作机制。构建分级分类管理、梯次退出的信用修复格局，推动修复结果协同联动、共享互认。建设完善信用修复系统，为经营主体提供高效便捷的信用修复服务，支持经营主体便捷高效重塑信用。

（《人民日报》2024年8月19日第9版）

引领 为高质量发展提供强大动力

健全促进实体经济和数字经济深度融合制度

金壮龙

党的二十届三中全会通过的《中共中央关于进一步全面深化改革、推进中国式现代化的决定》(以下简称《决定》),提出健全促进实体经济和数字经济深度融合制度,对加快推进新型工业化、加快构建促进数字经济发展体制机制、完善促进数字产业化和产业数字化政策体系等作出新的部署。我们要认真学习、深刻领会、准确把握,切实抓好贯彻落实。

深刻认识促进实体经济和数字经济深度融合的重大意义

习近平总书记指出,世界经济数字化转型是大势所趋,新的工业革命将深刻重塑人类社会;强调要推动实体经济和数字经济融合发展,以信息化培育新动能,用新动能推动新发展。要紧紧抓住数字技术变革机遇,促进实体经济和数字经济深度融合,为高质量发展提供新动能。

促进实体经济和数字经济深度融合是把握新一轮科技革命和产业变革新机遇的战略选择。习近平总书记指出,数字技术、数字经济是世界科技革命和产业变革的先机。数字经济发展速度之快、辐射范围之广、影响程度之深前所未有，人工智能、大数据等给全球生产力水平带来颠覆性影响，正在成为重组全球要素资源、重塑全球经济结构、改变全球竞争格局的关键力量。当前，世界各国纷纷加强前瞻性战略布局，数字领域国际竞争日趋激烈。面对数字化潮流，必须把促进实体经济和数字经济深度融合摆在重要战略位置，充分释放我国制造大国和网络大国的叠加、聚合、倍增效应，拓展经济发展新空间，打造国际竞争新优势，赢得未来发展主动权。

促进实体经济和数字经济深度融合是建设现代化产业体系的必然要求。融合化是现代化产业体系的一个基本特征。近年来，我国数字经济发展量质齐升，2023年数字经济核心产业增加值超过12万亿元，占国内生产总值比重10%左右；5G、工业互联网、人工智能等新动能加快发展，传统产业数字化改造纵深推进，智能制造、服务型制造等融合发展新业态新模式不断涌现，为发展新质生产力、建设现代化产业体系注入强劲动力。必须充分发挥数字经济高创新性、强渗透性、广覆盖性特点，持续拓展实体经济和数字经济融合的深度和广度，提升产业体系现代化水平。

促进实体经济和数字经济深度融合是推进新型工业化的关键路径。习近平总书记指出，新时代新征程，以中国式现代化全面推进强国建设、民族复兴伟业，实现新型工业化是关键任务；强调要把建设制造强国同发展数字经济、产业信息化等有机结合。信息化和工业化深度融合是新型工业化的鲜明特征。特别是人工智能成为影响未来发展的关键变量，将全方位、深层次赋能新型工业化，产业智能化、融合化、绿色化加速，深刻改变全球产业发展和分工格局。必须促进实体经济和数字经济深度融合，加快制造业数字化、网络化、智能化发展，推进制造业质量变革、效率变革、动力变革，促进我国产业迈向全球价值链中高端。

筑牢实体经济和数字经济深度融合根基

促进实体经济和数字经济深度融合，做强做优实体经济是基础。制造业是实体经济的主体，是国家经济命脉所系。必须加快推进新型工业化，主动适应和引领新一轮科技革命和产业变革，推进信息化和工业化深度融合，以新一代信息技术赋能全产业体系，加快传统产业改造升级，培育壮大新兴产业，前瞻布局未来产业，坚定不移筑牢制造业，加快建设以先进制造业为骨干的现代化产业体系。

培育壮大先进制造业集群。拥有一批有国际竞争力的先进制造业集群是现代化产业体系的重要标志。近年来，我国制造业集群化发展水平快速提升，已形成45个国家级先进制造业集群，覆盖新一代信息技术、新材料、高端装备、生物医药等重点领域。要进一步完善集群布局，引导技术、资金、人才等各类创新资源要素向先进制造业集群汇聚。推动集群数字化智能化升级，发挥龙头企业带动作用，支持上下游企业协同开展数字化改造，促进资源在线化、生产柔性化、产业链协同化，提升产业集群综合竞争力，加快打造一批世界级先进制造业集群。

推动制造业高端化、智能化、绿色化。高端化、智能化、绿色化是制造业高质量发展的主要方向。要实施制造业重大技术改造升级和大规模设备更新工程，开展制造业新型技术改造城市试点，促进企业广泛应用数智技术、绿色技术实施改造升级，推动设备更新、工艺升级、数字赋能、管理创新，加快向全球价值链中高端迈进。完善智能制造推进机制，体系化开展场景模式探索、系统解决方案揭榜攻关、标准研制应用和评估评价，以智能制造为主攻方向推动产业技术变革和优化升级。推动数字化绿色化协同发展，加快数字化绿色化融合技术创新研发和应用，推动制造业绿色低碳转型。

健全提升优势产业领先地位体制机制。党的十八大以来，我国新型工业化发展取得历史性成就，工业体系全、品种多、规模大的独特优势更加明显，制造业总体规模连续14年居世界首位，形成了以轨道交通装备、新能源汽车、太阳能光伏、动力电池等为代表的一批优势产业，成为中国制造业的亮丽名片，要把这个优势巩固住、发挥好。要实施重点产业链高质量发展行动，深入实施产业基础再造工程和重大技术装备攻关工程，提升产业链供应链韧性和安全水平。加快培育具有生态主导力和产业链控制力的世界一流企业，促进专精特新中小企业发展，以产业链龙头企业为枢纽，完善上下游企业信息共享机制，构建数据驱动、精准匹配、协同透明的数字化供应链网络。完善东中西部合作、央地合作、产融合作等机制，引导产业在国内梯度有序转移，增强国内产业根植性。

建立保持制造业合理比重投入机制。保持制造业比重基本稳定是推进新型工业化、筑牢实体经济根基的内在要求。要进一步优化财税支持政策，健全重大战略任务资金保障机制，加大对制造业技术创新、绿色发展、数字化智能化升级、公共服务等支持力度，引导更多资源要素向先进制造业集聚。健全金融支持推进新型工业化的机制，构建重点产业链攻关的全链条金融服务支撑体系。优化重大产业基金运作和监管机制，完善基金绩效考评体系，确保资金投向符合国家战略要求。完善先进制造业增值税加计抵减政策，合理降低制造业综合成本和税费负担。

大力推进数字产业化和产业数字化

促进实体经济和数字经济深度融合，推进数字产业化和产业数字化是重要着力点。要牢牢把握新一轮科技革命和产业变革机遇，统筹谋划，协同创新，做强做优做大数字经济，深化数字技术为实体经济全方位赋能。

适度超前部署信息基础设施。信息基础设施是实体经济和数字经济深度融合的先决条件。要加强战略布局，加快建设高速泛在、天地一体、云网融合、智能敏捷、绿色低碳、安全可控的智能化综合性数字信息基础设施。建立健全信息基础设施统筹规划、整体布局和协调联动的体制机制，适度超前建设5G、算力等信息基础设施，深入推进工业互联网创新发展，深化"5G+工业互联网"融合创新和规模化应用。发展卫星互联网，推进第六代移动通信（6G）网络技术研发。加强交通、能源、市政等传统基础设施数字化、智能化改造，形成适应智能经济、智能社会需要的基础设施体系。健全网络和数据安全保障政策、制度、标准体系，提升网络和数据安全保障能力。

加快新一代信息技术全方位全链条普及应用。把握数字化、网络化、智能化融合发展的契机，推进互联网、大数据、人工智能同实体经济深度融合，加快产业体系优化升级。实施制造业数字化转型行动和智能制造工程，支持企业围绕典型场景实施软硬件一体化改造，推动生产设备和信息系统全面互联互通，优化业务流程，开展数字化集成应用创新，建设一批数字化转型标杆企业、智能工厂。优化中小企业数字化转型供给体系，实施中小企业数字化赋能专项行动，探索形成促进中小企业数字化转型长效机制。推进人工智能赋能新型工业化，加强通用大模型和行业大模型研发布局，推动人工智能在工业研发设计、中试验证、生产制造、营销服务、运营管理等重点场景和安全生产、防灾减灾等领域深度应用。构建区块链产业生态，推动区块链和人工智能、大数据、物联网等前沿信息技术的深度融合，加强区块链技术应用。

加快产业模式和企业组织形态变革。实体经济与数字经济深度融合不断催生新产业新业态新模式，加速制造业产业模式和企业形态根本性变革。要引导企业积极利用新一代信息技术开展业务和流程创新，推进先进制造业与现代服务业深度融合，发展数字化管理、平台化设计、个性化定制、网络化协同、服务化延伸等新模式，壮大柔性生产、云制造、共享制造、虚拟制造、工业电商等新业态，鼓励开展第三方智能服务，实现更广范围资源优化配置、更深程度生产方式变革、更高水平价值创造。要引导企业组织管理创新，鼓励支持扁平化、平台化、生态化等新企业形态发展，培育资源共享、价值共创、风险共担等新型产业组织模式。

打造具有国际竞争力的数字产业集群。新一代信息技术是全球技术创新的竞争高地。要建立健全科技创新和产业创新深度融合的体制机制，强化企业科技创新主体地位，围绕推进新型工业化、加快建设制造强国的战略任务，科学布局科技创新、产业创新，建设一批行业共性技术平台，加快布局建设一批概念验证、中试验证平台，促进科技成果转化应用。要针对集成电路、基础软件、科研仪器等瓶颈制约，加大技术研发力度，为确保重要产业链供应链自主安全可控提供科技支撑。要瞄准未来科技和产业发展制高点，加快新一代信息技术、人形机器人、人工智能、量子信息、区块链、脑机接口等领域科技创新，培育发展新兴产业和未来产业。

完善数字经济重点领域基础性制度

加快完善平台经济、数据等重点领域基础性制度，充分激发平台、数据等资源要素活力，为实体经济和数字经济深度融合提供坚实保障。

促进平台经济创新发展。平台经济是实体经济和数字经济深度融合的重要载体，对促进创新创业、推动产业升级、培育发展新动能具有重要作用。要健全平台经济常态化监管制度，支持平台企业发挥生态优势，提升数字技术和产品服务水平。构建算法安全治理体系，完善算法备案、分类分级管理、安全评估等监管制度。健全保障平台企业境外发展的法律政策和服务体系。完善灵活就业和新就业形态劳动者权益保障制度，加快探索适合新就业形态劳动者特点的社会保障参保办法。

建设和运营国家数据基础设施。数据基础设施是实体经济和数字经济深度融合的重要支撑。要加快建设适应数据要素特征、促进数据流通利用、发挥数据价值效用的数据基础设施，推动数据汇聚、处理、流通、应用、交易等功能有序高效运转，促进数据共享。构建全国一体化大数据中心体系，推动智能计算中心有序发展，建设若干国家枢纽节点和大数据中心集群。积极发展车联网等融合基础设施。发展数据空间、隐私计算、区块链、数据脱敏等技术，有效提升数据流通环节安全可靠水平。

建立健全数据基础制度。数据是新型生产要素，我国是全球数据资源大国，但数据基础制度不够健全，数据要素市场不够完善，制约了数据价值挖掘和利用。要加快建立数据产权归属认定、市场交易、权益分配、利益保护制度，完善数据要素市场体制机制。建立健全数据共享和开发利用的激励约束机制，促进数据共享，推进公共数据、企业数据、个人数据开发利用，强化高质量数据要素供给。建立健全国家公共数据资源体系，推动公共数据资源安全有序开放。建立合规高效的数据要素流通和交易制度，建设规范数据交易市场。提升数据安全治理监管能力，健全行业数据安全管理制度，完善标准规范，构建重要数据识别、目录备案、风险评估等常态化监管机制，建立高效便利安全的数据跨境流动机制。

（《人民日报》2024年8月20日第9版）

· 下 篇 ·

深化教育综合改革

怀进鹏

教育是国之大计、党之大计，教育兴则国家兴，教育强则国家强。党的二十届三中全会通过的《中共中央关于进一步全面深化改革、推进中国式现代化的决定》（以下简称《决定》）提出："教育、科技、人才是中国式现代化的基础性、战略性支撑"，并从深入实施科教兴国战略、人才强国战略、创新驱动发展战略，统筹推进教育科技人才体制机制一体改革，健全新型举国体制，提升国家创新体系整体效能出发，对深化教育综合改革作出系统部署。我们要深入学习贯彻全会精神，通过深化教育综合改革，不断为加快建设教育强国提供动力，有效支撑引领中国式现代化。

充分认识新时代新征程深化教育综合改革的重大意义

改革是教育事业发展的根本动力。习近平总书记指出，从教育大国到教育强国是一个系统性跃升和质变，必须以改革创新为动力。面对纷繁复杂的国际国内形势，面对新一轮科技革命和产业变革，面对人民群众新期待，我们要深刻把握深化教育综合改革的重大意义和历史使命。

深化教育综合改革是培养担当民族复兴重任的时代新人、确保党的事业后继有人的战略之举。教育事业是党的事业重要组成部分，肩负着为党育人、为国育才的重大使命。在党的坚强领导下，我们培养了一代又一代拥护党的领导和我国社会主义制度、立志为中国特色社会主义奋斗终身的有用人才，既为社会主义现代化建设提供了重要支撑，也推动教育自身进入教育强国建设新阶段。习近平总书记强调，培养什么人、怎样培养人、为谁培养人是教育的根本问题，也是建设教育强国的核心课题。当前，世界百年未有之大变局加速演进，广大学生成长的外部环境发生了重大变化。针对新形势新要求，要自觉把改革摆在更加突出位置，不断完善落实立德树人根本任务、促进学生全面发展的体制机制，努力培养更多让党放心、爱国奉献、担当民族复兴重任的时代新人。

深化教育综合改革是一体推进教育强国科技强国人才强国建设、提高教育服务高质量发展能力水平的根本之策。高质量发展是全面建设社会主义现代化国家的首要任务。习近平总书记强调，要把服务高质量发展作为建设教育强国的重要任务。当今时代，科技是第一生产力，人才是第一资源，创新是第一动力，围绕高素质人才和科技制高点的国际竞争空前激烈。推动我国高质量发展，建设现代化产业体系，实现创新驱动发展，必须要有更多高水平科研成果和高层次人才作支撑。面对新的国家战略需求，要深化教育综合改革，全面提高人才自主培养质量，有效提高原始创新和突破"卡脖子"关键技术能力，切实以教育改革新成效赋能经济社会高质量发展。

深化教育综合改革是落实以人民为中心的发展思想、办好人民满意教育的必由之路。习近平总书记强调，我们要建设的教育强国，最终是办好人民满意的教育。经过坚持不懈的接续奋斗，我国已经建成世界上规模最大的教育体系，教育普及水平实现历史性跨越，教育

"量"的问题总体解决,"质"的问题变得突出。人民群众"有学上"的需求得到满足后,对"上好学"、接受更好教育和更加多样化个性化教育的期盼更加强烈。同时,随着我国城镇化发展和人口区域结构分化,亟须加快对教育体系和布局的调整。教育直接关系千家万户的切身利益和每个孩子的健康成长,影响社会生育意愿的提升和未来的现代化强国人才支撑。坚持以人民为中心发展教育,必须通过深化改革推动教育成果更多更公平惠及最广大人民群众,持续增强人民群众对教育改革发展的获得感幸福感。

深刻认识党的十八大以来教育综合改革取得的显著成效

党的十八大以来,以习近平同志为核心的党中央把教育摆在优先发展的战略位置,对深化教育综合改革作出一系列重大部署,中国特色社会主义教育制度体系主体框架基本确立,教育现代化发展总体水平跨入世界中上国家行列,新时代教育事业取得历史性成就、发生格局性变化。

完善党对教育工作全面领导的体制机制,广大师生坚定不移听党话、跟党走。坚持党对教育工作的全面领导,从中央到地方相继成立教育工作领导小组,党委统一领导、党政齐抓共管、部门各负其责的教育领导体制更加完善。坚持和完善高校党委领导下的校长负责制,推动中小学建立党组织领导的校长负责制,党的领导纵到底、横到边、全覆盖的工作格局加快形成,教育系统始终成为坚持党的领导的坚强阵地。广大师生"四个自信"明显增强,积极参加庆祝中华人民共和国成立七十周年、庆祝中国共产党成立一百周年等重大活动和脱贫攻坚、乡村振兴等重大战略实施,发出"请党放心、强国有我"的时代强音,展现出昂扬向上的精神风貌和听党话跟党走的坚定决心。

健全党的创新理论铸魂育人机制,促进学生全面发展、身心健康水平不断提升。完善习近平新时代中国特色社会主义思想进教材进课堂进头脑机制,推进大中小学思想政治教育一体化建设,高校全面开设"习近平新时代中国特色社会主义思想概论"课,"大思政课"建设工作格局不断拓展,思政课教师队伍配齐建强。完善党的教育方针,把劳动教育纳入社会主义建设者和接班人的要求之中,提出"德智体美劳"总体要求。建立学校家庭社会协同育人机制,形成全员、全过程、全方位育人工作格局。坚持"健康第一"理念,体育教学改革持续推进,中小学生体质健康水平稳步上升,青少年近视综合防控取得重要成效,心理健康教育工作得到加强和改进,为广大学生健康成长提供了良好环境。

加快建设高质量教育体系,人民群众教育获得感显著增强。建立学前教育普及普惠发展机制,2023年学前教育毛入园率达到91.1%。全国2895个县级行政单位全面实现义务教育基本均衡,九年义务教育巩固率达到95.7%,推进"双减"工作、规范民办义务教育取得明显进展,进城务工人员随迁子女在公办学校就读和享受政府购买学位服务的比例超过95%,义务教育进入优质均衡和城乡一体化发展新阶段。推进高中阶段学校多样化发展,建立县域高中倾斜支持机制。深化现代职业教育体系改革,推动形成同市场需求相适应、同产业结构相匹配的现代职业教育结构和区域布局。高等教育进入普及化阶段,毛入学率达到60.2%。不断健全学生资助制度体系,我国学生年资助人次达到1.6亿,全面实现应助尽助。健全教育优先发展保障机制,国家财政性教育经费占国内生产总值比例连续保持在4%以上。目前,我国新增劳动力平均受教育年限超过14年,全民思想道德素质和科学文化素质得到全面提升。

推进有组织人才培养和科研,教育服务国家战略实施和经济社会发展能力显著提升。坚定走好人才自主培养之路,启动实施"强基计划"和基础学科拔尖人才培养计划,持续推进卓越工程师教育培养改革。高校充分发挥基础研究主力军、重大科技突破策源地作用。在2023年度国家科学技术奖励中,高校牵头获得的国家自然科学奖、技术发明奖、科学技术进步奖分别占总数的75.5%、75.6%、56.5%。健全高校哲学社会科学高质量发展机制,推动构建中国哲学社会科学自主知识体系。深入推进"双一流"建设,建立职普融通、产教融合、科教融汇体制机制,促进形成与国家战略相匹配的学校、学科、专业布局。实施教育数字化战略行动,国家智慧教育平台成为世界第一大教育资源数字化中心和服务平台,人人皆学、处处能学、时时可学正加速实现。

提高教育治理能力,良好教育发展生态进一步优化。深化教育评价改革,破除"唯分数、唯升学、唯文凭、唯论文、唯帽子"的共识广泛形成,教育功利化倾向得到进一步扭转。深化考试招生制度改革,29个省份启动高考综合改革,促进公平、科学选才、监督有力的体制机制更加健全。大力弘扬教育家精神,努力培养造就一支师德高尚、业务精湛、结构合理、充满活力的高素质专业化教师队伍。强化教育法治保障,依法治教、依法治校、依法办学水平进一步提升。坚持对外开放不动摇,深入实施共建"一带一路"教育行动,中国教育以更加开放自信主动的姿态走向世界舞台。

在看到成绩的同时,要清醒地认识到,我国在建设教育强国上仍存在不少差距、短板,大而不强、发展不平衡、供需错位等问题亟待解决,国家战略人才和急需紧缺人才培养能力有待提升,制约教育高质量发展的思想观念束缚和体制机制弊端还需要进一步破除,实现从教育大国向教育强国的跨越还任重道远。

扎实抓好深化教育综合改革的重点举措落实

《决定》提出："加快建设高质量教育体系，统筹推进育人方式、办学模式、管理体制、保障机制改革。"同时，就深化教育综合改革提出了一系列重点举措。我们要认真贯彻落实党中央决策部署，求真务实抓落实、敢作善为抓落实，实现教育系统性跃升和质变，为推进中国式现代化提供全方位的人才支撑、智力支持。

围绕落实立德树人根本任务深化教育综合改革。立德树人关系党的事业后继有人，关系国家前途命运。要完善立德树人机制，健全德智体美劳全面培养体系，形成更高水平的人才培养体系。聚焦思政课关键课程，推进大中小学思政课一体化改革创新，加快构建以习近平新时代中国特色社会主义思想为核心内容的课程教材体系，不断提高思政课的针对性和感染力。全面深化素质教育，加快补齐体育、美育和劳动教育短板，加强心理健康教育，促进学生身心健康成长。坚持强教必先强师，着力以教育家精神引领高素质教师队伍建设，提升教师教书育人能力，健全师德师风建设长效机制，引导广大教师坚定理想信念、陶冶道德情操、涵养扎实学识、勤修仁爱之心。教育评价事关教育发展方向、事关教育强国成败。要纵深推进新时代教育评价改革，加快扭转不科学的教育评价导向，构建多元主体参与、符合我国实际、具有世界水平的教育评价体系。

围绕服务国家战略和经济社会发展深化教育综合改革。国家战略实施关键在科技，根本靠人才。要优化高等教育布局，加快建设中国特色、世界一流的大学和优势学科，为加快建设世界重要人才中心和创新高地提供有力支撑。分类推进高校改革，引导不同类型高校在不同领域不同赛道发挥优势、办出特色和水平。建立科技发展、国家战略需求牵引的学科设置调整机制和人才培养模式，超常布局急需学科专业，加强基础学科、新兴学科、交叉学科建设和拔尖人才培养，着力加强创新能力培养。完善高校科技创新机制，提高成果转化效能。强化科技教育和人文教育协同，全面提高学生综合素养。加快构建职普融通、产教融合的职业教育体系，源源不断培养大国工匠、能工巧匠和高技能人才。完善学生实习实践制度，引导学生在一线实践中加强磨炼、增长本领。引导规范民办教育发展，提高教育教学质量。推进高水平教育开放，鼓励国外高水平理工类大学来华合作办学，有效利用世界一流教育资源和创新要素，加快建设具有强大影响力的世界重要教育中心。

围绕解决人民群众急难愁盼问题深化教育综合改革。习近平总书记强调，我们要坚持教育公益性原则，把教育公平作为国家基本教育政策，大力推进教育体制改革创新。要主动适应人口变化形势，优化区域教育资源配置，建立同人口变化相协调的基本公共教育服务供给机制。完善义务教育优质均衡推进机制，探索逐步扩大免费教育范围，加快缩小教育的城乡、区域、校际、群体差距，努力让每个孩子都能享有公平而有质量的教育。健全学前教育和特殊教育、专门教育保障机制，推进学前教育普及普惠安全优质发展，办好特殊教育，加强专门学校建设和专门教育工作。推进数字化教育，赋能学习型社会建设，加强终身教育保障，为以中国式现代化全面推进强国建设、民族复兴伟业奠定坚实的基础。

（《人民日报》2024年8月21日第9版）

深化科技体制改革

阴和俊

党的二十届三中全会对进一步全面深化改革、推进中国式现代化作出战略部署，充分体现了以习近平同志为核心的党中央坚定不移全面深化改革的历史主动和坚定信心，必将开辟以中国式现代化全面推进强国建设、民族复兴伟业的新境界。党的二十届三中全会通过的《中共中央关于进一步全面深化改革、推进中国式现代化的决定》（以下简称《决定》）在"构建支持全面创新体制机制"部分对"深化科技体制改革"作出系统部署，是激发全社会创新创造活力的关键举措。我们要认真学习贯彻党中央重大决策部署，努力推进高水平科技自立自强，为中国式现代化建设提供强大科技支撑。

以科技现代化支撑引领中国式现代化必须深化科技体制改革

党的十八大以来，以习近平同志为核心的党中央对深化科技体制改革作出一系列重大决策部署，推动我国科技事业取得历史性成就、发生历史性变革。中国式现代化关键在科技现代化，建成社会主义现代化强国关键看科技自立自强，进一步全面深化改革、推进中国式现代化必须深化科技体制改革。

· 下 篇 ·

深化科技体制改革是顺应新一轮科技革命和产业变革、加快建设科技强国的必然选择。当前，全球科技创新进入密集活跃期，新一轮科技革命和产业变革迅猛发展，基础研究不断拓展人类认知边界，人工智能、量子科技、生物科技等前沿技术实现多点突破、引发链式变革，推动全球产业结构、经济形态和人类生活方式深刻调整。与此同时，科研范式发生重大变化，学科交叉融合不断深入，战略导向、数据驱动成为科技创新的重要方式。我们必须构建完善科技创新组织方式和治理模式，统筹推进教育科技人才体制机制一体改革，以更加健全的体制机制不断拓展科学研究的深度广度，催生更多原创性颠覆性前沿性技术，增强我国科技竞争力引领力，抢占科技制高点，赢得战略主动。

深化科技体制改革是发展新质生产力、实现高质量发展的必然选择。高质量发展是全面建设社会主义现代化国家的首要任务，科技创新是发展新质生产力的核心要素。当前，科技创新以无所不在的渗透性、扩散性、带动性广泛赋能经济社会发展，新质生产力已经在实践中形成并展示出对高质量发展的强劲推动力。我们必须进一步加强科技创新与产业创新融合发展，促进科技、产业、金融良性循环，构建与新质生产力相适应的新型生产关系，让各类先进优质创新要素向发展新质生产力集聚，不断催生新产业、新模式、新动能。

深化科技体制改革是提升国家竞争力、应对外部风险挑战的必然选择。当前，世界百年未有之大变局加速演进，科技革命与大国博弈相互交织，高技术领域成为国际竞争最前沿和主战场，深刻影响全球秩序和发展格局。国际形势严峻复杂，我国发展面临外部人为制造科技壁垒、试图割裂全球创新链产业链等诸多挑战。国家之争就是实力之争，关键是科技创新能力之争，背后较量的是谁的制度更优越。我们必须充分发挥中国特色社会主义制度优势，坚定不移走中国特色自主创新道路，坚持科技创新与制度创新"双轮驱动"，着力破解原始创新能力相对薄弱、关键核心技术受制于人等突出问题，加快实现高水平科技自立自强。

牢牢把握新时期进一步深化科技体制改革的实践基础和总体要求

党的十八大以来，以习近平同志为核心的党中央对科技体制改革进行战略谋划、作出顶层部署，推动重点领域和关键环节改革取得突破，科技创新基础性制度框架基本确立，国家创新体系整体效能进一步提升。2023年，党中央成立中央科技委员会，重新组建科学技术部，推动我国科技领导和管理体制系统性重构、整体性重塑，科技体制改革不断深化拓展。一是党中央对科技工作集中统一领导的体制机制更加健全。中央科技委员会加强科技工作的顶层设计、统筹协调、整体推进、督促落实，科技管理部门强化抓战略、抓改革、抓规划、抓政策、抓服务，新型举国体制更加健全，科技创新治理效能明显提升。二是科技工作重点环节统筹更加有力。加强了科技战略规划统筹、政策措施统筹、重大任务统筹、科研力量统筹、资源平台统筹、区域创新统筹，国家战略科技力量加快布局，科技战略规划和政策体系进一步健全。三是国家重大科技任务组织协调机制更加完善。围绕面向世界科技前沿、面向经济主战场、面向国家重大需求、面向人民生命健康，完善了科技创新重大方向遴选和重大项目立项、组织实施、政策保障等体制机制，国家科技重大项目加快启动实施。四是科技创新全链条管理更加高效。完善了贯穿基础研究、技术创新、成果转化和产业化体制机制，基础研究与人才培养结合更加紧密，企业科技创新主体地位进一步强化，科技成果转化机制不断完善。五是科技管理工作协调联动更加顺畅。部门间科技管理职责持续优化，新时代区域科技创新体系总体布局初步形成，军民科技融合发展体制机制更加完善，初步形成了部门、央地、军民科技工作合力。这些新进展为进一步深化科技体制改革奠定了坚实基础。

《决定》提出进一步全面深化改革的总目标是继续完善和发展中国特色社会主义制度，推进国家治理体系和治理能力现代化。深化科技体制改革要牢牢把握这一总目标，全面贯彻习近平新时代中国特色社会主义思想，以习近平总书记关于全面深化改革和科技创新的重要论述为根本遵循，不断丰富和发展深化科技体制改革的实践经验和重要原则。一是坚持党的领导，完善科技管理体制。必须牢牢把握中国共产党领导这一中国特色社会主义最本质的特征，加强党中央对科技工作的集中统一领导，健全新型举国体制，保障科技体制改革始终沿着正确方向前进。二是坚持"四个面向"，强化科技支撑高质量发展、保障高水平安全的制度保障。必须加强科技创新全领域布局、全链条部署，健全关键核心技术攻关体制机制，全面增强科技实力和创新能力，为实现高水平科技自立自强奠定制度基础。三是坚持系统观念，提升国家创新体系整体效能。必须围绕构建高效、协同、开放的国家创新体系，全局性谋划、整体性推进科技体制改革，加强科技创新与经济社会各领域改革发展的良性互动。四是坚持以人为本，激发全社会创新活力。必须以激发各类创新主体和科技人员积极性创造性为出发点和落脚点，营造鼓励创新、宽容失败的制度环境，激发人才第一资源活力动力。

全面落实党中央深化科技体制改革重要任务

党的二十大擘画了全面建设社会主义现代化国家的宏伟蓝图，明确到 2035 年建成科技强国的战略目标。《决定》面向 2035 年基本实现中国式现代化,对深化科技体制改革作出系统部署。我们要坚决贯彻落实党中央决策部署,坚持"四个面向",充分认识科技创新的战略先导地位和根本支撑作用,构建适应引领高水平科技自立自强的新型举国体制,构建适应科技强国建设要求的国家创新体系,推进国家科技治理体系和治理能力现代化,为以中国式现代化全面推进强国建设、民族复兴伟业提供支撑。

健全新型举国体制,优化重大科技创新组织机制。加强国家战略科技力量建设,完善国家实验室体系,优化国家科研机构、高水平研究型大学、科技领军企业定位和布局,推进科技创新央地协同,统筹各类科创平台建设,鼓励和规范发展新型研发机构,发挥我国超大规模市场引领作用,加强创新资源统筹和力量组织,推动科技创新和产业创新融合发展。坚持"四个面向",统筹强化关键核心技术攻关,推动科技创新力量、要素配置、人才队伍体系化、建制化、协同化。健全强化集成电路、工业母机、医疗装备、仪器仪表、基础软件、工业软件、先进材料等重点产业链发展体制机制,全链条推进技术攻关、成果应用。构建科技安全风险监测预警和应对体系,加强科技基础条件自主保障。

完善科技项目和经费管理改革,优化国家科技资源统筹配置。实行国家重大科技任务分类管理组织模式,建立地方、企业科技项目纳入国家科技计划体系新机制。改进科技计划管理,强化基础研究领域、交叉前沿领域、重点领域前瞻性、引领性布局。加强有组织的基础研究,提高科技支出用于基础研究比重,完善竞争性支持和稳定支持相结合的基础研究投入机制,鼓励有条件的地方、企业、社会组织、个人支持基础研究,支持基础研究选题多样化,鼓励开展高风险、高价值基础研究。建立专家实名推荐的非共识项目筛选机制。完善中央财政科技经费分配和管理使用机制,健全中央财政科技计划执行和专业机构管理体制。扩大财政科研项目经费"包干制"范围,赋予科学家更大技术路线决定权、更大经费支配权、更大资源调度权。

统筹推进教育科技人才体制机制一体改革,促进科技与教育、人才良性循环。建立科技发展、国家战略需求牵引的学科设置调整机制和人才培养模式,超常布局急需学科专业,着力加强创新能力培养,强化科技教育和人文教育协同。完善高校科技创新机制,推进校企协同创新,提高成果转化效能。实施更加积极、更加开放、更加有效的人才政策,完善人才自主培养机制。加快建设国家战略人才力量,着力培养造就战略科学家、一流科技领军人才和创新团队,着力培养造就卓越工程师、大国工匠、高技能人才。完善青年创新人才发现、选拔、培养机制,更好保障青年科技人员待遇。强化人才激励机制,健全保障科研人员专心科研制度,坚持向用人主体授权、为人才松绑。建立以创新能力、质量、实效、贡献为导向的人才评价体系。深化高校、科研院所收入分配改革。深化科技评价体系改革,加强科技伦理治理,严肃整治学术不端行为。打通高校、科研院所和企业人才交流通道。

强化企业科技创新主体地位,促进科技、产业、金融融合发展。建立培育壮大科技领军企业机制,加强企业主导的产学研深度融合,建立企业研发准备金制度,支持企业主动牵头或参与国家科技攻关任务,向民营企业进一步开放国家重大科研基础设施。构建促进专精特新中小企业发展壮大机制。鼓励科技型中小企业加大研发投入,提高研发费用加计扣除比例。允许科研类事业单位实行比一般事业单位更灵活的管理制度,探索实行企业化管理。健全因地制宜发展新质生产力体制机制,加强关键共性技术、前沿引领技术、现代工程技术、颠覆性技术创新,加强新领域新赛道制度供给。深化科技成果转化机制改革，加强国家技术转移体系建设，加快布局建设一批概念验证、中试验证平台，完善首台（套）、首批次、首版次应用政策，加大政府采购自主创新产品力度。加强技术经理人队伍建设。允许科技人员在科技成果转化收益分配上有更大自主权，建立职务科技成果资产单列管理制度，深化职务科技成果赋权改革。鼓励和引导高校、科研院所按照先使用后付费方式把科技成果许可给中小微企业使用。允许更多符合条件的国有企业以创新创造为导向，在科研人员中开展多种形式中长期激励。构建同科技创新相适应的科技金融体制，加强对国家重大科技任务和科技型中小企业的金融支持，完善长期资本投早、投小、投长期、投硬科技的支持政策。健全重大技术攻关风险分散机制，建立科技保险政策体系。提高外资在华开展股权投资、风险投资便利性。

扩大国际科技交流合作，建设具有全球竞争力的开放创新环境。深度融入全球科技创新网络，深化政府和民间科技创新合作，实现更深层次科技创新制度性开放。加强国际化科研环境建设，建立重大科技基础设施和平台向全球科学家开放使用的机制。鼓励在华设立国际科技组织，完善我国科研人员到国际科技组织任职制度。完善海外引进人才支持保障机制，形成具有国际竞争力的人才制度体系。探索建立高技术人才移民制度。优化高校、科研院所、科技社团对外专业交流合作管理机制。

（《人民日报》2024年8月22日第9版）

·下 篇·

加强创新资源统筹和力量组织

黄 强

党的二十届三中全会通过的《中共中央关于进一步全面深化改革、推进中国式现代化的决定》(以下简称《决定》)对加强创新资源统筹和力量组织作出部署,是新时代发挥新型举国体制优势、集中力量打赢关键核心技术攻坚战的重大改革,有利于解决科技创新力量和优势资源分散、重复、低效配置问题,激发各类创新主体内生动力和广大科技人员积极性、主动性、创造性,加快发展新质生产力。

加强创新资源统筹和力量组织是加快实现高水平科技自立自强、建设科技强国的必由之路

习近平总书记指出:"历史事实表明,经济大国不等于经济强国。一个国家长期落后归根到底是由于技术落后,而不取决于经济规模大小。"我国作为经济体量世界第二的发展中大国,在百年变局中谋求和实现科技自立自强,必然同时面临科研基础自身积累不足、科技霸权封锁围堵打压、抢占科技制高点速度比拼等严峻现实考验。只有把创新资源和力量统筹组织起来,在国家重大需求和战略必争领域形成整体优势,打赢事关强国建设、民族复兴的科技之战,才能从根本上

保障国家安全、赢得发展主动。

从我国历史经验看，集中力量办大事是科技走向自立自强的重要法宝。新中国在一穷二白的内部基础和全面封锁的外部环境下，发挥社会主义制度集中力量办大事的优势，自力更生、艰苦奋斗，干出了"两弹一星"等一大批国之重器。进入新时代，习近平总书记把科技创新摆在国家发展全局的核心位置，探索和用好社会主义市场经济条件下的新型举国体制，加快推进科技自立自强，我国在主要科技领域和方向上不断取得重大突破，进入创新型国家行列。但是，我国科技发展总体上还处在将强未强、不进则退的关键阶段，不少关键核心技术仍受制于人，必须传承和用好集中力量办大事这一法宝，加紧解决"卡脖子"问题。

从科研范式变革看，大科学时代必须集中创新资源和力量开展科技攻关"大会战"。习近平总书记指出："科学研究向极宏观拓展、向极微观深入、向极端条件迈进、向极综合交叉发力，不断突破人类认知边界。"科学研究形态已经告别单枪匹马、手工作坊式，进入分工协作、整体推进的大科学新阶段。当今世界，国际科技竞争正日益演化为创新体系的竞争，哪一种创新体系能够从根本上解决创新资源和力量分散、重复、低效的问题，哪一种创新体系就更能适应现代科技攻关的需要。加强创新资源统筹和力量组织，核心目标就是提升国家创新体系整体效能，适应并引领科技创新大联合、大协作、大攻关。

从大国科技竞争看，统筹创新资源集中攻坚才能跑赢"抢占科技制高点"这场世界变局争夺赛。习近平总书记强调："科技竞争就像短道速滑，我们在加速，人家也在加速，最后要看谁速度更快、谁的速度更能持续。"当前，科技革命与大国博弈相互交织，高技术领域成为国际竞争最前沿和主战场，特别是人工智能、量子科技、生物科技等前沿科技集中涌现，正以前所未有、超乎想象的速度和冲击力重塑全球政治经济力量格局。唯有总体谋划、聚力攻坚、以快制快，在传统领域缩小差距、追上并跑，在新兴领域避免代差、力争领跑，才能掌握新一轮全球科技竞争的战略主动，确保我国现代化进程不会被迟滞甚至打断。

把握加强创新资源统筹和力量组织的规律性认识

习近平总书记强调："针对我国科技创新组织化协同化程度不高，科技资源分散、重复等问题，深化科技管理体制改革，统筹各类创新平台建设，加强创新资源统筹和力量组织。"必须坚持解放思想、守正创新，构建社会主义市场经济条件下关键核心技术攻关新型举国体制，健全科学统筹、集中力量、优化机制、协同攻关的组织运行体系，提升国家创新体系整体效能，形成体现国家意志、完成国家使命的强大合力。

坚持和加强党中央集中统一领导。我国社会主义制度之所以具有非凡的组织动员能力、统筹协调能力、贯彻执行能力，根本在于中国共产党的领导。党的二十大后组建中央科技委员会，就是把党的领导这一最大政治优势在科技创新领域更加充分发挥出来。要充分发挥党总揽全局、协调各方的领导核心作用，完善党中央对科技工作集中统一领导的体制机制，加强战略规划、政策措施、重大任务、科研力量、资源平台、区域创新等方面的统筹，构建协同高效的决策指挥体系和组织实施体系，确保政治优势、组织优势、制度优势转化为集中资源和力量攻坚的国家创新体系优势。

坚持有效市场和有为政府更好结合。习近平总书记强调："充分发挥市场在科技资源配置中的决定性作用，更好发挥政府各方面作用，调动产学研各环节的积极性，形成共促关键核心技术攻关的工作格局。"政府主要抓战略、抓改革、抓规划、抓服务,市场对研发方向、路线选择、要素价格、各类创新要素配置起筛选和导向作用。要统筹发挥政府和市场两个作用,整合雄厚的科研基础、丰富的应用场景、完备的工业体系等优势,国有企业、民营企业一起上,营造政府引导、市场主导、社会参与的良好创新生态。

坚持整合军民、央地资源协同创新。近几年实施军民融合发展战略,整合用好军民创新资源,不仅显著提升了国防科技能力,而且显著增强了全社会的创新能力。要坚持军民协同创新,完善军民融合创新体系,畅通地方与军队、市场与战场的"双向快车道",推动新质生产力加快转化为新质战斗力。当前,地方财政科技经费在我国财政科技经费总盘子中大约占2/3。要整合央地创新资源和力量,协同实施关键核心技术攻坚和重大科技成果转化项目,既为国铸剑,又为地方高质量发展提供强有力支撑。

坚持在国内国际双循环中统筹创新资源。习近平总书记强调:"科技进步是世界性、时代性课题,唯有开放合作才是正道。国际环境越复杂,我们越要敞开胸怀、打开大门,统筹开放和安全,在开放合作中实现自立自强。"自主创新不是关起门来搞创新,要更加注重加强国际化科研环境建设,把握全球科技创新趋势和机遇,发挥共建"一带一路"等平台作用,牵头组织好国际大科学计划和大科学工程,在全球配置和利用创新资源,不断提高我国在全球科技治理中的影响力和规则制定能力。

坚持科技创新和产业创新深度融合。创新不是发表论文、申请到专利就大功告成,创新"成果"必须转化为发展"结果"、成为产业的"成品"。要坚持把促进科技创新和产业创新深度融合作为深化科技体制改革的重要着力点,实现技术突破、产品制造、市场模式、产业发展"一条龙"转化,打通从科技强到产业强、经济强、国家强的通道。创新技术要发展，必须要使用。要依托庞大市场为新技术开发及时提供应用场景，在大量应用中优化改进、迭代升级。

加强创新资源统筹和力量组织的着力重点

着眼提升国家创新体系整体效能，坚持目标导向和问题导向相结合，奔着问题去、盯着问题改，从最紧迫的事情抓起，小切口、大纵深，坚决破除妨碍创新资源高效配置的思想观念和体制机制弊端，大幅提升科技攻关体系化能力。

更加注重发挥国家作为重大科技创新组织者的作用。加强中央科技委员会对科技工作的顶层设计和统筹协调，推进国家创新体系建设和科技体制改革，统筹谋划国家科技发展重大战略、重大规划、重大政策。加强对重大科技战略任务的组织协调，科学凝练事关战略全局和国家命运的关键核心科学技术问题，遴选战略任务和重点方向。持续实施国家科技重大专项，强化跨部门、跨地区、跨军地优势科技力量统筹调配，优化"揭榜挂帅""定向委托""赛马制"等科技攻关组织模式，调动各类创新力量开展"大兵团作战"。

强化国家战略科技力量。发挥国家实验室引领作用，聚焦国家重要安全领域，当好科技攻关总平台、总链长，多出战略性、关键性重大科技成果。发挥国家科研机构建制化组织作用，开展面向国家重大战略和行业共性需求的基础研究，强化基础理论支撑和技术源头供给。发挥高水平研究型大学主力军作用，调整优化学科专业设置，统筹推进人才培养和科技创新。发挥科技领军企业出题人、答题人、阅卷人作用，做好产业共性关键技术研发、科技成果转化及产业化，当好产业链和创新链的链长。

建强国际和区域科技创新中心。优化升级北京、上海、粤港澳大湾区三个国际科技创新中心，提升世界级原始创新、产业创新的策源引领功能，打造成为全球科学中心、人才高地和世界创新版图制高点。加快建设成渝、武汉、西安三个区域科技创新中心，加强航空航天、核技术、生物医药、光电子、智能网联汽车、新材料、新能源等产业创新，打造成为具有全国影响力的创新增长极。加强跨区域科技创新合作，提升国家战略腹地承接重大科技和生产力布局的能力，形成更加完善的区域科技创新体系。

强化企业技术创新主体地位。加强企业主导的产学研深度融合，引导各类创新要素向企业集聚，推动企业真正成为技术创新决策、研发投入、科研组织、成果转化的主体。针对重点产业链核心技术短板，超常规集中支持链主企业带头冲锋突破，保障重点产业的创新链供应链自主可控。支持企业牵头组建创新联合体，依托企业建设技术创新中心，加强产业链上下游、大中小企业融通创新，推进科技攻关协同和研发活动一体化。健全有利于成果转化的体制机制，让企业在解决科研机构"不能转""不敢转""不会转"问题中充分发挥作用，提高创新成果转移转化成效。

健全激发创新主体内生动力机制。用好科技评价指挥棒，强化以科技创新质量、绩效、贡献为核心的评价导向，构建充分体现知识、技术等创新要素价值的收益分配机制。《决定》首次提出"改进武器装备采购制度，建立军品设计回报机制"，用批量生产的现役产品设计回报费来鼓励支持设计单位开展基础预研，有助于从根本上破解军工科研院所"不立项干不了事，一立项十万火急来不及""产品定型之日，就是设计断粮之时"的困境，提高科研院所的内生动力，改变长期以来高度计划性制度机制导致的"等靠要"被动局面。完善科学家本位的科研组织体系，深化科技经费分配和管理使用机制改革，赋予科研单位和科研人员更大自主权。弘扬科学家精神，涵养"国为重、家为轻，科学最重、名利最轻"的家国情怀，让院士称号进一步回归荣誉性、学术性，让科研人员心无旁骛搞科研。

推进科技基础能力建设统筹和开放共享。着眼解决科技基础设施重复建设问题，统筹推进科技基础条件的体系化、集约化布局，加快完善科学数据中心布局建设，形成优势互补的科技创新设施条件体系。着眼解决重大项目攻关重复布局问题，加强科研项目全链条设计和一体化实施，构建军民、央地联动实施重大科技项目机制。着眼解决科技资源共享不够问题，加强关键科学仪器设备自主研制攻关，建设互联互通的科研仪器设备开放共享平台，促进创新资源最大程度利用。

营造创新资源优化配置良好生态。充分发挥市场的力量，构建更加完善的要素市场化配置机制，推动各类创新要素快速流动、迅速组合、不断循环往复，形成高校、科研院所、企业、政府、资本等有机互动的创新生态系统。大力发展风险投资市场，培育发展风投创投产业集群，优化"募投管退"全链条发展，鼓励天使投资、风险投资、私募股权投资等基金支持创新创业，更好发挥政府投资基金作用，发展耐心资本，引导金融资本投早、投小、投长期、投硬科技。培育创新文化，传承中华优秀传统文化的创新基因，营造鼓励探索、宽容失败的良好环境，使崇尚科学、追求创新在全社会蔚然成风。

（《人民日报》2024年8月23日第9版）

引领 为高质量发展提供强大动力

健全国家经济社会发展规划制度体系

郑栅洁

习近平总书记指出,用中长期规划指导经济社会发展,是我们党治国理政的一种重要方式。党的二十届三中全会通过的《中共中央关于进一步全面深化改革、推进中国式现代化的决定》(以下简称《决定》),对健全国家经济社会发展规划制度体系作出系统安排,明确了健全规划制度体系、强化规划衔接落实机制、加强政策协同配合的战略方向和重点举措。这是以习近平同志为核心的党中央从战略和全局高度对完善宏观经济治理体系作出的重大决策,我们要深刻学习领会,坚决贯彻落实。

深刻认识健全国家经济社会发展规划制度体系的重要意义

习近平总书记指出,科学编制并有效实施国家发展规划,有利于保持国家战略连续性稳定性,集中力量办大事,确保一张蓝图绘到底。健全国家经济社会发展规划制度体系,对扎实推进中国式现代化具有重大而深远的意义。

健全国家经济社会发展规划制度体系是党有效领导经济社会发展的重要方式。编制和实施国家发展规划,充分体现了坚持党的领导、人民当家作主、依法治国有机统一，是中国特色社会主义制度的显著优势所在。在现代化建设实践中，我国探索形成了在党中央集中统一领导下，由党中央全会提出规划"建议"、国务院编制规划"纲要"、全国人大审查批准后向社会公布实施的制度安排，将党的主张有效转化为国家意志和全社会共同行动。习近平总书记始终高度重视战略规划工作，早在福建工作期间就前瞻谋划了厦门15年发展蓝图、福州"3820"战略工程，在浙江工作期间又系统擘画了"八八战略"。特别是党的十八大以来，习近平总书记亲自谋划、亲自部署、亲自推动国家发展规划工作，先后两次担任中央"建议"起草组组长，对决胜全面建成小康社会和全面建设社会主义现代化国家作出战略部署，鲜明提出立足新发展阶段、贯彻新发展理念、构建新发展格局、推动高质量发展等一系列新思想新观点新论断，形成了以党的创新理论指导规划蓝图绘制、引领经济社会发展的科学路径。我国发展已进入战略机遇和风险挑战并存、不确定难预料因素增多的时期，尤为需要健全国家经济社会发展规划制度体系，使规划成为党中央把方向、谋大局、定政策、促改革的重要手段之一，使党中央对经济社会发展的集中统一领导更加坚强有力，充分凝聚团结奋斗、共创伟业的强大力量。

健全国家经济社会发展规划制度体系是推进中国式现代化建设的有力保障。编制和实施国家发展规划，已成为中国经济社会发展的鲜明特点和世界各国借鉴中国经验的重要内容。新中国成立以来，我们党通过连续编制和实施14个五年规划（计划），接力落实社会主义现代化建设的长远战略目标，在一穷二白的基础上建立起完整的工业体系和国民经济体系，实现由解决温饱到总体小康再到全面小康的历史性跨越，创造了世所罕见的经济快速发展奇迹和社会长期稳定奇迹。迈上新征程，党的二十大提出以中国式现代化全面推进强国建设、民族复兴伟业的中心任务，对全面建成社会主义现代化强国"分两步走"

战略安排作出明确部署，清晰描绘了到 2035 年基本实现社会主义现代化的总体目标，对到本世纪中叶全面建成社会主义现代化强国进行了远景展望。健全国家经济社会发展规划制度体系，有利于紧紧围绕这一中心任务和战略目标，保持国家战略实施的连续性稳定性，一任接着一任干、一张蓝图绘到底，把中国式现代化建设的宏伟事业不断推向前进。

健全国家经济社会发展规划制度体系是加快国家治理体系和治理能力现代化的必然要求。国家发展规划集中体现了国家战略意图、中长期目标和阶段性任务，发挥着明确政府工作重点、优化公共资源配置方向、引导经营主体行为的关键作用，是社会主义市场经济条件下宏观经济治理的有效手段。党的十八大以来，国家发展规划在宏观调控中的作用持续增强。党的十九大报告、二十大报告强调，创新和完善宏观调控，健全宏观经济治理体系，发挥国家发展规划的战略导向作用。2018 年 11 月，党中央、国务院印发《关于统一规划体系更好发挥国家发展规划战略导向作用的意见》，对理顺规划关系、完善规划管理作出了制度安排。推进国家治理体系和治理能力现代化，一项重要任务是持续提升宏观经济治理效能，推动有效市场和有为政府结合、跨周期设计和逆周期调节协同、总量提升和结构优化互促。健全国家经济社会发展规划制度体系，能够有效发挥规划统筹当前和长远、全面和重点、整体和局部的重要作用，使各类调节手段系统集成、协同高效，推动经济持续健康发展、国家治理效能加快提升。

贯彻落实健全国家经济社会发展规划制度体系的重点任务

习近平总书记强调，要加快建立制度健全、科学规范、运行有效的规划体制，更好发挥国家发展规划的战略导向作用。针对规划体系不完善、规划衔接不到位、规划目标和政策工具不协调等影响国家发展规划战略导向作用充分发挥的突出问题,《决定》从健全规划体系、强化规划衔接落实机制、优化规划与宏观调控协调联动机制等方面对健全国家经济社会发展规划制度体系提出了新的要求。

健全国家规划体系。健全国家经济社会发展规划制度体系,首要任务是构建定位准确、边界清晰、功能互补、统一衔接的国家规划体系,使各级各类规划各司其职、规范有序。

一是充分发挥国家发展规划的战略导向作用。国家发展规划要全面贯彻落实党中央战略意图,紧紧围绕全面建成社会主义现代化强国的战略目标,制定分阶段落实的时间表和路线图,为其他规划落实国家战略部署提供总遵循。要聚焦推动高质量发展和高水平安全的关键问题和突出短板,谋划提出事关国家长远发展的大战略、跨部门跨行业的大政策、具有全局性影响的跨区域大项目,增强对其他规划的指导性和约束力。

二是持续强化国土空间规划的基础作用。国土空间规划要为国家发展规划确定的重大战略任务落地实施提供空间保障,对其他规划提出的空间开发保护活动提供指导和约束。要依据国家发展规划提出的国土空间开发保护格局和空间结构优化要求,科学布局生产、生活、生态空间,强化开发强度管控和"三区三线"精准落地,推动形成优势互补、高质量发展的国土空间体系。

三是不断增强专项规划和区域规划的支撑作用。国家级专项规划要聚焦科技创新、基础设施、绿色生态、民生保障等需要集中力量突破的重点领域,对国家发展规划在特定领域明确的目标任务进行延伸细化。国家级区域规划要按照国家发展规划要求,贯彻落实区域重大战略、区域协调发展战略,着力打破地区分割、协调解决跨行政区跨流域的重大问题,促进区域战略在区域内深化实施、在区域间联动融合。

强化规划衔接落实机制。健全国家经济社会发展规划制度体系，关键是要贯彻落实党中央战略意图和国务院工作部署，按照下位规划服从上位规划、下级规划服务上级规划、等位规划相互协调的原则，加强各级各类规划衔接协调，确保形成规划合力。

一是强化上下贯通。做好其他规划对国家发展规划的贯彻落实，健全目录清单、编制备案、衔接协调等规划管理制度，依据国家发展规划，同步部署、同步编制、同步实施一批国家级专项规划和区域规划，动态调整国土空间规划。在编制过程中要做好指标衔接、任务细化、工程项目分解等工作，确保其他规划在主要目标、发展方向、总体布局、重大政策、重大工程、风险防控等方面与国家发展规划协调一致，形成国家发展规划由专项规划在"条"上细化、由区域规划在"块"上深化、由国土空间规划在"地"上保障的上下贯通机制，并做好年度计划对国家发展规划的滚动落实。

二是强化横向协同。加强其他规划相互间的衔接协调，避免交叉重复、矛盾冲突或合成谬误。其中，专项规划、区域规划在空间安排上，要符合国土空间规划提出的空间开发保护要求。专项规划和区域规划之间要加强任务设置和项目布局的协调联动，按照国家重大生产力布局和区域发展格局优化需要，支持动力源地区增强辐射带动能力，支持农产品主产区、重点生态功能区、能源资源富集地区和边境地区提升保障能力。相关专项规划之间要加强指标匹配和项目统筹，提高综合效益和整体效能。

优化规划与宏观调控手段协调联动机制。健全国家经济社会发展规划制度体系，重要保障是将各类政策工具发力方向统一到国家发展规划的部署要求上，实现宏观政策、年度计划和公共资源对国家发展规划的有效支撑和协同保障。

一是进一步加强国家发展规划与宏观政策的协调联动。依据规划目标要求和发展形势，合理确定财政、货币、产业、价格、就业等政策取向，提升政策科学性和稳定性。健全宏观经济政策统筹协调机制，把握好各类政策工具的节奏和力度，把经济政策和非经济政策都纳入宏观政策取向一致性评估，发挥宏观政策取向一致性评估作用，促进各类政策协同发力，形成放大叠加效应。

二是进一步做好年度计划与国家发展规划的衔接。坚持短期目标与中长期目标相衔接，将国家发展规划的主要指标分解纳入年度指标体系并做好年度间平衡，滚动明确重大任务举措和重大工程项目实施的年度要求，形成"长期战略—发展规划—年度计划"的体系化推进和闭环落实机制，确保既定战略目标如期高质量实现。

三是进一步强化公共资源对国家发展规划的支撑保障。坚持公共资源配置服从和服务于公共政策方向，加强财政预算、政府投资、土地供应等对国家发展规划的实施保障。货币政策、信贷政策要积极支持国家发展规划确定的重点领域和薄弱环节。坚持项目跟着规划走、资金和要素跟着项目走、监管跟着项目和资金走，优化存量资源配置和增量资源供给，保障国家发展规划确定的重大工程项目落地实施。

全面提高规划工作科学化规范化水平

习近平总书记强调，规划科学是最大的效益，要提高规划质量，坚持和完善有效实施机制。健全国家经济社会发展规划制度体系，更好发挥各类规划作用，关键是规划质量要高、落地实施要实、法治保障要到位。

提高规划编制质量。国家发展规划要围绕发挥战略导向作用，坚持立足国内和全球视野相统筹、问题导向和目标导向相统一、中长期目标和短期目标相贯通、全面规划和突出重点相协调，增强战略性、宏观性、政策性。国土空间规划要在资源环境承载能力和国土空间开发适宜性评价基础上，科学划定空间管控边界，强化底线约束和空间指导的基础性作用。专项规划和区域规划要着眼于在特定领域和特定区域支撑国家发展规划落地实施，做深做实规划内容，增强针对性和可操作性。要严格履行规划编制程序，拓展前期研究广度和深度，健全专家参与公共决策制度，广泛听取各方面意见，以程序规范保障规划质量。

完善规划实施全周期管理制度。要构建全流程规划实施推进机制，维护规划的严肃性和权威性。健全推进落实机制，各地区各部门要制定可操作、可评估、可考核的目标任务实施安排，对约束性指标和公共服务、生态环保、安全保障等领域任务，强化责任分解落实；对预期性指标和产业发展、结构调整等领域任务，创造良好政策环境、体制环境和法治环境。健全监测评估机制，组织开展规划实施情况动态监测，将监测结果作为加强和改进规划实施的重要依据。开展规划实施情况中期评估和总结评估，及时向党中央、国务院请示报告国家发展规划实施情况，并依法提请全国人大常委会审议。经评估确需调整修订的规划，要严格履行审查批准程序。健全监督考核机制，规划实施情况要纳入考核评价体系，接受人大监督、审计监督和社会监督，以有效的监督考核确保规划目标任务落到实处。

强化规划编制实施的法治保障。坚持依法制定规划、依法实施规划，将党中央关于健全国家经济社会发展规划制度体系的规定要求和行之有效的经验做法以法律形式固定下来，加快推动国家发展规划法立法工作进程，以法治引领和保障国家发展规划更好发挥战略导向作用，把制度优势更好转化为国家治理效能。

（《人民日报》2024年8月26日第9版）

·下 篇·

深化财税体制改革

韩文秀

党的二十届三中全会通过的《中共中央关于进一步全面深化改革、推进中国式现代化的决定》(以下简称《决定》)提出,要深化财税体制改革,并就健全预算制度等作出重要部署,提出明确要求。我们要认真学习领会,深刻认识深化财税体制改革的重要意义,准确把握谋划推动新一轮改革的原则要求,扎实有效推动各项改革任务落实。

深化财税体制改革在推进中国式现代化伟大征程中的重要意义

当前和今后一个时期是以中国式现代化全面推进强国建设、民族复兴伟业的关键时期。科学的财税体制是优化资源配置、维护市场统一、促进社会公平、实现国家长治久安的制度保障,深化财税体制改革对于以高质量发展全面推进中国式现代化意义重大。

深化财税体制改革是推动高质量发展的迫切需要。高质量发展是全面建设社会主义现代化国家的首要任务。当前,我国人均国内生产总值已超过1万美元,正处于要素驱动主导型增长向创新驱动主导型增长转换的关键时期,稳增长、防风险任务艰巨。财税体制是影响资源配置的重要基础制度,财政政策是宏观调控的重要工具。必须适应我国社会主要矛盾变化，加快完善有利于高质量发展的财税体制机制，破除构建新发展格局、推动高质量发展面临的突出问题，激发各类经营主体活力，塑造发展新动能新优势，创造出与14亿多人口现代化水平相匹配的社会财富和物质基础。

深化财税体制改革是推进国家治理体系和治理能力现代化的应有之义。完善和发展中国特色社会主义制度、推进国家治理体系和治理能力现代化，必须以更大的勇气、更有力的举措推动更深层次改革。财政是国家治理的基础和重要支柱，财税体制是高水平社会主义市场经济体制的重要组成部分。必须适应推进国家治理体系和治理能力现代化的要求，固根基、扬优势、补短板、强弱项，围绕构建全国统一大市场、健全宏观经济治理体系，加快完善税收制度和财政体制，加强与其他改革协同配套，全面落实现代预算管理要求，把我国制度优势更好转化为国家治理效能。

深化财税体制改革是推进中国式现代化的客观要求。以中国式现代化全面推进强国建设、民族复兴伟业，需要不断完善包括财税领域在内的各方面体制机制。当前，我国城乡区域发展和收入分配差距问题仍然突出，人均资源占有量少、生态环境承载压力较大，发展的外部环境日益严峻。需要加快完善推动共享发展的财税体制机制，在做大"蛋糕"的同时分好"蛋糕"，促进城乡区域协调发展，增进民生福祉，促进共同富裕。健全支持绿色低碳发展的财税政策体系，促进美丽中国建设、人与自然和谐共生。

新时代新征程谋划推动新一轮财税体制改革
需要把握的原则要求

党的十八大以来，以习近平同志为核心的党中央高度重视、部署统筹推进财税领域改革,预算、税收制度和财政体制改革取得历史性成就,基本确立了我国财政制度框架。同时,财税体制运行中还存在一些矛盾和问题,需要进一步改革完善。我们要深刻领会《决定》部署所体现的党中央决策意图,正确处理几个重大关系,确保改革始终沿着正确的方向推进。

正确处理政府与市场的关系。财政预算规定政府的活动范围和方向,税收制度关系国家与企业、个人的利益分配。预算改革要围绕充分发挥市场在资源配置中的决定性作用和更好发挥政府作用,明晰政府作用边界,克服错位、越位、缺位现象,政府该管的要管住,最大限度减少对资源的直接配置和对微观经济活动的直接干预,创造更加公平、更有活力的市场环境,推动有效市场和有为政府更好结合。税制改革要注意处理好"取"与"予"的关系,既防止税负过重、竭泽而渔,又避免税负过低、政府调控和公共服务保障乏力,保持合适的财政汲取能力和政府收支规模,使财政经济发展始终在良性循环轨道上运行。

正确处理中央与地方的关系。中央和地方财政关系是政府间权责划分的基本组成部分,政府收入划分、事权和支出责任划分、转移支付制度安排事关国家长治久安。深化改革要坚持辩证思维,从国家整体利益出发,统筹兼顾中央的调控力和地方的发展活力,理清权责关系,更好发挥中央、地方和各方面积极性。要适度加强中央财政事权和支出责任,保持合理的中央财政收支比重,增强中央统一调度、指挥、管理经济社会和发展的能力。同时,适当放权给地方,增加地方自主财力,鼓励各地因地制宜推动当地经济和社会事业高质量发展。

正确处理效率与公平的关系。财税体制涉及初次分配、再分配和第三次分配,影响效率与公平目标的权衡和实现。深化财税体制改革要坚持社会主义市场经济改革方向,完善体制机制和调节政策,充分发挥市场机制作用，更好激发各方面积极性，实现资源配置效率最优化和效益最大化。同时，要统筹促进规则公平、机会公平、结果公平，打破利益固化、阶层固化的藩篱，规范财富积累机制，加大税收、社会保障、转移支付等调节力度，更好地让广大人民群众共享改革发展成果。

正确处理全局与局部的关系。财税体制改革涉及面广，政策性强，必然会触及一些地区、单位的局部利益。深化改革需要树牢全国一盘棋思想，凝聚共识，形成合力，坚决落实党中央关于加强财政资源和预算统筹、规范税收优惠政策、增加一般性转移支付、完善政府债务管理制度等部署要求，防止和克服各行其是、相互掣肘的现象。要增强全局意识和整体观念，坚持和践行正确政绩观，坚决防止无序举债搞建设的做法，规范招商引资行为，反对地方保护，确保党中央令行禁止。

正确处理长远与当前的关系。财税体制改革要统筹促进短期财政稳定和长期可持续性。要抓住主要矛盾和矛盾的主要方面，明确优先序，把握时度效，远近结合，攻坚克难。既要立足当前，有条不紊地抓好当下具备条件的改革举措落地，着力解决经济财政运行中的堵点卡点问题；又要着眼长远，深刻把握国内外形势发展新要求，积极识变求变，谋划推动长远机制建设。要坚持尽力而为、量力而行，把保障和改善民生建立在经济发展和财力可持续的基础之上，不断提高人民生活水平。

贯彻落实深化财税体制改革部署、健全我国财政制度的重点任务

落实《决定》部署，要坚持把党的领导贯穿到财税体制改革全过

程，更加注重系统集成，更加注重突出重点，更加注重改革实效，加快健全适应高质量发展和中国式现代化要求的财政制度。

健全预算制度。围绕发挥集中力量办大事的体制优势，聚焦落实全面规范、公开透明等要求，补齐体制机制短板，强化预算刚性约束，持续提升预算管理水平和财政治理效能。一是加强财政资源和预算统筹。把依托行政权力、政府信用、国有资源资产获取的收入全部纳入政府预算管理，增强预算对落实党和国家重大政策的保障能力。完善国有资本经营预算和绩效评价制度，强化国家重大战略任务和基本民生财力保障。二是强化对预算编制和财政政策的宏观指导，将党中央战略意图体现到预算编制和执行的全过程。健全支出标准体系，建立完善动态调整机制，为预算编制提供科学依据。深化零基预算改革，打破"基数"观念和支出固化僵化格局。加强财政政策逆周期和跨周期调节。三是统一预算分配权，提高预算管理统一性、规范性。防止和克服"钱等项目"的现象，提高年初预算到位率，推进预算安排与存量资金的有机结合，加大财政资金统筹和支出结构调整力度，规范各领域、部门和单位预算支出管理，结合实际合理确定预算收支规模。四是深化预算绩效管理改革。加强公共服务绩效管理，强化事前功能评估。完善预算绩效评价制度，强化评价结果运用。突出保基本、守底线，坚决落实党政机关过紧日子要求，杜绝大手大脚花钱、奢靡浪费等现象。五是完善预算公开和监督制度，提高预算公开工作质量。六是完善权责发生制政府综合财务报告制度，强化数据分析应用。完善财会监督体系，严肃财经纪律，不断提升财政管理效能。

健全税收制度。着眼于构建有利于高质量发展、社会公平、市场统一的税收制度，优化税制结构，更好发挥税收制度筹集财政收入、调控经济运行、调节收入分配功能。一是全面落实税收法定原则，规范税收优惠政策，完善对重点领域和关键环节支持机制。研究与新业态相适应的税收制度，促进和规范数字化、绿色化发展。合理降低制造业综合成本和税费负担。二是健全直接税体系。完善综合和分类相结合的个人所得税制度，规范经营所得、资本所得、财产所得税收政策，实行劳动性所得统一征税。三是健全地方税体系。推进消费税征收环节后移并稳步下划地方，完善增值税留抵退税政策和抵扣链条。研究把城市维护建设税、教育费附加、地方教育附加合并为地方附加税，授权地方在一定幅度内确定具体适用税率。完善房地产税收制度。四是完善绿色税制。全面推行水资源费改税，改革环境保护税。完善增值税、消费税、企业所得税等有关促进绿色发展政策体系，推动绿色低碳发展。五是深化税收征管改革，增强税务执法的规范性、便捷性和精准性。

完善财政体制。围绕保持和加强中央调控能力、发挥好中央与地方两个积极性，聚焦权责清晰、财力协调、区域均衡三方面目标要求，进一步理顺中央和地方财政关系，加快形成稳定的各级政府事权、支出责任与财力相适应的制度。一是清晰划分中央与地方财政事权和支出责任。适当加强中央事权、提高中央财政支出比例。中央财政事权原则上通过中央本级安排支出，减少委托地方代行的中央财政事权。不得违规要求地方安排配套资金，确需委托地方行使事权的，通过专项转移支付安排资金。二是优化中央和地方收入划分。增加地方自主财力，拓展地方税源，适当扩大地方税收管理权限。结合税制改革优化共享税分享比例。完善产业在国内梯度有序转移的协作机制，推动转出地和承接地利益共享。规范非税收入管理，适当下沉部分非税收入管理权限，由地方结合实际差别化管理。三是完善财政转移支付体系。清理规范专项转移支付，增加一般性转移支付，提升市县财力同事权相匹配程度。建立促进高质量发展转移支付激励约束机制。同时，继续推进省以下财政体制改革，优化省以下财力分配，切实加强基层财力保障。

健全政府债务管理体系。按照统筹发展和安全要求，完善政府债务管理制度，更好发挥债券资金促进经济社会发展的积极作用。一是加快建立同高质量发展相适应的政府债务管理机制。完善政府债务分类和功能定位，优化中央和地方政府债务结构，有效满足宏观调控需求，更好支持落实国家重大战略任务。二是建立全口径地方债务监测监管体系和防范化解隐性债务风险长效机制。健全工作协调机制，强化数据共享应用。加强源头治理，坚决遏制新增隐性债务，有序化解存量隐性债务。严格对违规违法举债问题监督问责，落实地方政府举债终身问责制和债务问题倒查机制，发挥典型案例警示作用。三是加强地方政府专项债券管理。合理扩大地方政府专项债券支持范围，适当扩大用作资本金的领域、规模、比例。完善债务限额分配机制，加强专项债券资金借用管还全生命周期管理。四是加快地方融资平台改革转型。加强对融资平台公司的综合治理，持续规范融资管理，禁止各种变相举债行为，推动形成政府和企业界限清晰、责任明确、风险可控的科学管理机制。

（《人民日报》2024年8月27日第9版）

引领 为高质量发展提供强大动力

深化金融体制改革

王 江

金融是国民经济的血脉，关系中国式现代化建设全局。习近平总书记指出，回顾改革开放以来我国金融业发展历程，解决影响和制约金融业发展的难题必须深化改革。近年来，我国金融业发展加快，金融领域持续创新，金融体系复杂度、开放度不断提高，迫切需要加快金融改革。党的二十届三中全会对进一步深化金融体制改革作出重大部署，必将为加快建设金融强国注入强大动力，不断开辟金融工作新局面。

深刻认识深化金融体制改革的重大意义

要深入学习领会党的二十届三中全会精神，进一步学习贯彻中央金融工作会议精神，把思想认识统一到党中央决策部署上来，深刻认识深化金融体制改革的重大意义。

加快建设金融强国的必然要求。金融是大国博弈的必争之地。我国已经是金融大国，但对标习近平总书记提出的金融强国应当具备"强大的货币、强大的中央银行、强大的金融机构、强大的国际金融中心、强大的金融监管、强大的金融人才队伍"的目标要求，仍然存在大而不强的问题。为加快补齐补强我国金融体系的短板弱项，迫切需要继续用好改革开放关键一招，进一步深化金融体制改革，破除金融高质量发展面临的体制机制障碍和卡点堵点，加快构建科学稳健的金融调控体系、结构合理的金融市场体系、分工协作的金融机构体系、完备有效的金融监管体系、多样化专业性的金融产品和服务体系以及自主可控、安全高效的金融基础设施体系，有力推动我国金融由大变强。

走好中国特色金融发展之路的必然要求。党的十八大以来，以习近平同志为核心的党中央积极探索新时代金融发展规律，不断加深对中国特色社会主义金融本质的认识，不断推进金融实践创新、理论创新、制度创新，逐步走出一条中国特色金融发展之路。这条道路来之不易，必须倍加珍惜、长期坚持、不断发展。中国特色金融发展之路是在改革进程中探索出来的，也必将在改革实践中继续开辟广阔前景，越走越宽广。

守住不发生系统性金融风险底线的必然要求。防控风险是金融工作的永恒主题。当前，我国房地产、地方政府债务、中小金融机构等领域的风险形势仍然复杂严峻。必须在有力有序有效处置风险的基础上，针对风险形成和处置中暴露的深层次体制机制矛盾，完善金融监管体系，强化监管问责，健全金融法治，筑牢金融稳定保障体系，把该扎的篱笆扎牢、该建的防火墙尽快建起来，不断提升金融业抵御风险能力，牢牢守住不发生系统性金融风险的底线。

金融更好服务实体经济的必然要求。实体经济是金融的根基，服务实体经济是金融的天职。要继续以改革为牵引，建立健全金融服务实体经济的激励约束机制，打通金融服务实体经济的堵点难点，把金融资源真正集聚到高质量发展的战略方向上来，聚焦到服务新质生产力发展需要上来，着力做好科技金融、绿色金融、普惠金融、养老金融、数字金融"五篇大文章",为实体经济发展提供更高质量、更有效率的金融服务,促进经济和金融良性循环。

金融高水平对外开放的必然要求。纵观历史和现实,金融强国都具有高度开放的特征,扩大金融业对外开放是我国对外开放的重要方面。要继续坚持和用好以开放促改革这一改革开放40多年形成的基本经验,稳步扩大金融领域制度型开放。同时,要统筹金融开放和安全,加强开放条件下的风险防控体系和能力建设,以更高水平风险防控保障更高水平金融开放。

深化金融体制改革应当把握的重要原则

党的二十大以来,党中央对金融工作领导体制、金融监管体制等进行了一系列重塑性改革,取得了重大成就。进一步深化金融体制改革,必须坚持以习近平新时代中国特色社会主义思想特别是习近平经济思想金融篇为指导,深刻领悟"两个确立"的决定性意义,增强"四个意识"、坚定"四个自信"、做到"两个维护",深刻理解中国特色金融发展之路"八个坚持"的基本要义,在改革推进过程中注重把握好以下重要原则。

坚持守正创新。要深刻认识党的领导是中国特色金融发展之路最本质的特征,是我国金融发展最大的政治优势、制度优势。深化金融体制改革必须始终坚持和加强党中央对金融工作的集中统一领导,确保改革始终沿着中国特色金融发展之路前进。同时,要顺应金融改革发展新的实践要求,深化新一轮金融体制改革,把准改革的方向、路径和重点,该改的、能改的切实改好、改到位,该突破的坚决突破,着力在金融领域推进和形成新的重大实践创新、理论创新、制度创新。

坚持目标导向和问题导向相结合。改革因问题倒逼而产生、为实现目标而推进，改革的过程本质上就是发现问题、研究问题、解决问题，向着目标不断前进的过程。当前，金融领域仍面临风险隐患较多、金融服务实体经济质效不高、金融乱象和腐败问题屡禁不止、金融监管和治理能力薄弱等突出问题。做好新形势下的金融工作，必须锚定建设金融强国目标和牢牢守住不发生系统性风险底线的要求，着力从体制机制层面有效解决上述问题，推动金融高质量发展。

坚持系统观念。增强改革的系统性、整体性、协同性，是党的十八大以来全面深化改革的重要特征和经验。金融体制改革涉及金融调控、金融市场、金融机构、金融监管、金融产品和服务、金融基础设施等多个方面，必须有效做好各方面改革的平衡和衔接，统筹推进防风险、强监管、促发展工作，努力实现最大整体效果。同时，必须把深化金融体制改革放在全面深化改革的全局中进行定位和谋划，加强金融体制改革与财税、科技、产业、区域、社会等其他相关领域改革的协调衔接，使各领域改革紧密协同、相互促进。

坚持稳中求进。稳中求进是我们党治国理政的重要原则。金融体制改革涉及面广、敏感度高，必须始终坚持稳中求进、以进促稳、先立后破。要坚持稳字当头，重大金融改革要充分评估、审慎决策、稳健实施，特别是风险防范举措要同步谋划、周密部署。同时，要积极进取，把该立的抓紧立起来，对看准了的改革压茬推进、攻坚克难，敢啃"硬骨头"，有力有序有效推进各项改革工作。

深化金融体制改革的重大任务

对党的二十届三中全会关于深化金融体制改革的部署和要求，我们必须深刻领会、准确把握、坚决落实。

加快完善中央银行制度。健全货币政策和宏观审慎政策体系，着力营造良好的货币金融环境。综合运用多种货币政策工具,保持流动性合理充裕,促进社会融资规模、货币供应量与名义经济增速基本匹配,更加注重做好跨周期和逆周期调节。发挥好货币政策工具总量和结构双重功能,畅通货币政策传导机制,充实货币政策工具箱,持续深化利率市场化改革,在央行公开市场操作中逐步增加国债买卖。保持人民币汇率在合理均衡水平上的基本稳定。

着力打造金融机构、市场、产品和服务体系。完善金融机构定位,坚持回归本源、专注主业。支持国有大型金融机构做优做强,提升综合服务水平,当好服务实体经济的主力军和维护金融稳定的压舱石。严格中小金融机构准入标准和监管要求,推动兼并重组、实现减量提质,立足当地开展特色化经营,防止无序扩张。强化政策性金融机构职能定位,聚焦服务国家战略,主要做商业性金融机构干不了、干不好的业务。发挥保险业的经济减震器和社会稳定器功能,健全国家巨灾保险保障体系。在防风险、强监管的基础上,促进信托、金融资产管理公司、企业集团财务公司、金融租赁公司、消费金融公司等其他各类金融机构高质量发展。持续推动货币、外汇市场改革发展,稳慎有序发展期货和衍生品市场。坚持以市场需求为导向,开发个性化、差异化、定制化金融产品,让兼具安全性、收益性、流动性的金融产品更多走进寻常百姓家。建设安全高效的金融基础设施,统一金融市场登记托管、结算清算规则制度。

健全投资和融资相协调的资本市场功能。严把发行上市准入关,进一步完善发行上市制度,强化发行上市全链条责任。严格上市公司持续监管,全面完善减持规则体系。深化退市制度改革,加快形成应退尽退、及时出清的常态化格局。加强交易监管,严肃查处操纵市场、恶意做空等违法违规行为。加快投资端改革,推动长期资金入市,发展多元化股权融资,推动区域性股权市场规则对接、标准统一。加强投资者权益保护。强化上市公司现金分红监管,加大对分红优质公司的激励力度,增强分红稳定性、持续性和可预期性。健全债券发行、交易和管理制度,加快多层次债券市场发展。提高直接融资比重,优化股权融资和债券融资的比例关系。

深化金融监管体制改革。落实好党的二十届三中全会关于金融管理体制改革决策部署,发挥好中央金融委员会统筹协调把关作用,以及中央金融工作委员会切实加强金融系统党的建设作用。坚持既管合法更管非法、管行业必须管风险,健全监管兜底机制,依法将所有金融活动纳入监管。全面强化机构监管、行为监管、功能监管、穿透式监管、持续监管,做到"长牙带刺"、有棱有角。明确金融监管部门和行业主管部门责任,加强中央和地方监管协同,健全权责一致、激励相容的风险处置责任机制。建立健全问责制度,以责任追究倒逼责任落实。建立风险早期纠正硬约束制度,设定清晰的整改期限及具体整改要求。筑牢有效防控系统性风险的金融稳定保障体系。健全金融消费者保护机制,严厉打击非法金融活动。构建产业资本和金融资本有效隔离的"防火墙"。

健全金融服务实体经济的激励约束机制。为科技型企业提供全链条、全生命周期金融服务,支持做强制造业。完善绿色金融政策、标准和产品体系,大力支持清洁能源的研发、投资、推广运用。持续完善金融支持中小微企业和民营企业的政策体系,进一步缓解融资难、融资贵等问题。加大对乡村振兴的金融投入,支持牢牢端稳粮食饭碗、服务乡村产业发展、促进农民增收致富。加大对健康产业、养老产业、银发经济的财税金融政策支持,有针对性地丰富养老金融产品供给,积极发展第三支柱养老保险。加快金融机构数字化转型,保留必要的现金等传统金融服务方式。提升金融监管科技水平,提高数字化监管和金融消费者保护能力。健全完善金融"五篇大文章"等重点领域的统计口径和考核评价制度，发挥好考核评价"指挥棒"作用，引导金融更好服务实体经济。

推动金融高水平开放。以制度型开放为重点推进金融高水平对外开放，完善准入前国民待遇加负面清单管理模式。对标国际高标准经贸协议中金融相关规则，精简限制性措施，支持符合条件的外资机构参与金融业务试点，提升跨境投融资便利化水平。稳慎拓展金融市场互联互通，优化合格境外投资者制度。规范境外投融资行为，加大对共建"一带一路"的金融支持。稳慎扎实推进人民币国际化，发展人民币离岸市场，强化香港离岸人民币业务枢纽功能。加快建设上海国际金融中心。强化开放条件下的金融安全机制，推进自主可控的跨境支付体系建设，建立统一的全口径外债监管体系。积极参与国际金融治理。

加强金融法治建设。制定金融法，作为金融领域的基本法，与其他金融法律法规共同构成比较完备的金融法律体系。不断适应金融发展实践需要，及时推进金融重点领域和新兴领域立法，建立定期修法制度。加大金融执法力度，对各类违法违规行为零容忍。健全维护国家金融安全的法律工具箱。

（《人民日报》2024年8月28日第9版）

下 篇

健全协商民主机制

孟祥锋

协商民主是实践全过程人民民主的重要形式。党的二十届三中全会通过的《中共中央关于进一步全面深化改革、推进中国式现代化的决定》（以下简称《决定》），对健全全过程人民民主制度体系作出重要部署，提出健全协商民主机制的重要举措。我们要深刻认识全面发展协商民主的重要意义，牢牢把握健全协商民主机制的任务要求，切实加强协商民主制度建设，推动协商民主彰显更大优势、发挥更大效能。

协商民主是我国社会主义民主政治的特有形式和独特优势

社会主义协商民主是中国共产党团结带领人民在革命、建设、改革长期实践中创造和发展的重要民主形式。党的十八大以来，以习近平同志为核心的党中央着眼发展全过程人民民主、全面建设社会主义现代化国家，科学定位、全面推进社会主义协商民主，取得了丰硕的理论成果、制度成果、实践成果。

习近平总书记高度重视发展社会主义协商民主，围绕全面发展协商民主作出重要论述，提出一系列具有理论原创性、政治引领性、实践指导性的新思想新观点新举措新要求。比如，提出社会主义协商民主在我国有根、有源、有生命力，是中国共产党人和中国人民的伟大创造；协商民主是我国社会主义民主政治的特有形式和独特优势，是党领导人民有效治理国家、保证人民当家作主的重要制度设计，是党的群众路线在政治领域的重要体现，是实践全过程人民民主的重要形式；有事好商量，众人的事情由众人商量，是人民民主的真谛；协商民主同选举民主相互补充、相得益彰，共同构成中国社会主义民主政治的制度特点和优势；人民政协是社会主义协商民主的重要渠道和专门协商机构；通过多种形式的协商，可以广泛达成决策和工作的最大共识，广泛畅通各种利益要求和诉求进入决策程序的渠道，广泛形成发现和改正失误和错误的机制，广泛形成人民群众参与各层次管理和治理的机制，广泛凝聚全社会推进改革发展的智慧和力量。比如，提出全面发展协商民主，推进协商民主广泛多层制度化发展，构建程序合理、环节完整的社会主义协商民主体系，统筹推进政党协商、人大协商、政府协商、政协协商、人民团体协商、基层协商以及社会组织协商，加强协商民主制度建设，健全协商民主机制。比如，提出坚持党的领导、统一战线、协商民主有机结合，通过各种途径、各种渠道、各种方式就改革发展稳定重大问题特别是事关人民群众切身利益的问题进行广泛协商，坚持协商于决策之前和决策实施之中，健全各种制度化协商平台，通过商量出办法、出共识、出感情、出团结。习近平总书记关于全面发展协商民主的重要论述，从政治上、理论上、制度上、实践上深刻回答了为什么协商、协商什么、怎样协商等重大问题，丰富发展了马克思主义民主政治理论，为新时代全面发展协商民主指明了方向、提供了重要遵循。

新时代我国社会主义协商民主蓬勃发展，特别是制定关于加强社会主义协商民主建设、政党协商、人民政协协商民主建设、城乡社区协商等方面重要文件，颁布《中国共产党政治协商工作条例》等党内法规，有力指导和推动社会主义协商民主广泛开展，呈现出协商内容更加丰富、协商形式更加多样、协商渠道更加拓展的生动局面，显示出旺盛生命力和巨大优越性。协商民主已经深深嵌入我国社会主义民主政治全过程，在密切党同人民群众联系、促进科学决策民主决策、广泛凝聚社会共识等方面发挥了重要作用。新征程上，中国式现代化全面推进，更加需要健全全过程人民民主制度体系、充分发挥社会主义协商民主独特优势和重要作用，更好为全面建设社会主义现代化国家凝聚智慧和力量。

发挥人民政协专门协商机构作用

人民政协是社会主义协商民主的重要渠道和专门协商机构。《决定》对发挥人民政协作为专门协商机构作用作出新的部署。要落实《决定》精神，完善人民政协专门协商机构制度，把协商民主贯穿政治协商、民主监督、参政议政全过程，不断提高人民政协协商民主制度化、规范化、程序化水平。

健全深度协商互动、意见充分表达、广泛凝聚共识的机制。坚持和完善党委会同政府、政协制定并组织实施年度协商计划制度，围绕党和国家中心任务，更加精准凝练协商主题，更加深度开展协商议政，更高质量进行建言献策。健全发扬民主和增进团结相互贯通、建言资政和凝聚共识双向发力的程序机制，运用政协全体会议、专题议政性常务委员会会议、专题协商会、协商座谈会等形式，深入协商议政，加强政治引领，广泛凝聚共识，坚定发展信心，激发奋斗力量。完善民主党派和无党派人士在政协更好发挥作用的机制，支持各民主党派、无党派人士在政协参与国家方针政策和地方重要举措的讨论协商。完善政协专门委员会联系界别工作机制，发挥界别优势作用和专委会基础性作用，推动各专委会委员和所联系界别委员发挥主体作用、积极建言资政。

加强人民政协反映社情民意、联系群众、服务人民机制建设。贯彻以人民为中心的发展思想，坚持人民政协为人民，把不断满足人民对美好生活的需要、促进民生改善作为协商议政的重要着力点。健全社情民意表达和汇集分析机制，聚焦经济社会发展重大问题和人民群众急难愁盼问题汇集反映社情民意，为党和政府决策提供参考。完善政协委员联系界别群众制度机制，深入做好思想引领、听取意见、反映要求、凝聚共识、增进团结、汇聚力量的工作。发挥政协委员履职"服务为民"活动平台作用，引导政协委员立足岗位实际、发挥专长优势为群众办实事、解难事。

完善人民政协民主监督机制。准确把握人民政协民主监督性质定位，发挥协商式监督优势和作用，重点围绕贯彻落实党和国家重大方针政策和重大决策部署情况开展民主监督。完善人民政协民主监督的组织领导、权益保障、知情反馈、沟通协调机制，提高民主监督工作实效。完善民主监督形式，做到同履行政治协商、参政议政职能相结合，寓监督于协商会议、视察、提案、专题调研、大会发言、反映社情民意信息等工作之中。加强人民政协民主监督同党内监督、人大监督、行政监督、司法监督、社会监督、舆论监督等的协调配合，增强监督合力。

不断完善协商民主体系

《决定》对完善协商民主体系、丰富协商方式提出新的要求。要按照《决定》精神，构建程序合理、环节完整的协商民主体系，健全各种制度化协商平台，形成完整的制度程序和参与实践，推进协商民主广泛多层制度化发展。

健全政党协商、人大协商、政府协商、政协协商、人民团体协商、基层协商以及社会组织协商制度化平台。中国共产党领导的多党合作和政治协商制度是我国的一项基本政治制度，是从中国土壤中生长出来的新型政党制度。新时代多党合作舞台极为广阔，要用好政党协商这个民主形式和制度渠道，通过协商凝聚共识、凝聚智慧、凝聚力量。要坚持和完善中国共产党领导的多党合作和政治协商制度，完善民主党派中央直接向中共中央提出建议制度，完善支持民主党派和无党派人士履行职能方法，加强政党协商保障机制建设。在人大协商方面，开展立法工作中的协商，发挥人大代表在协商民主中的作用。在政府协商方面，制定协商事项目录，完善政府协商机制，增强协商的广泛性和针对性。在政协协商方面，把协商民主贯穿履行职能全过程，加强政协协商与党委和政府工作的有效衔接，提高政协协商水平。在人民团体协商方面，完善人民团体参与各渠道协商的工作机制，健全人民团体直接联系群众工作机制。在基层协商方面，建立健全基层协商民主建设协调联动机制，开展乡镇（街道）协商、村（社区）协商、企事业单位等的协商。在社会组织协商方面，建立健全与相关社会组织联系的工作机制和沟通渠道，引导社会组织更好为社会服务。根据各种协商渠道优势特点和实际需要，加强各种协商渠道协同配合，提升协商民主整体效能。建立健全提案、会议、座谈、论证、听证、公示、评估、咨询、网络、民意调查等协商方式，丰富有事好商量、众人的事情由众人商量的制度化实践。

健全协商于决策之前和决策实施之中的落实机制。坚持协商于决策之前和决策实施之中的原则，对明确规定需要协商的事项必须经协商后提交决策实施，通过充分协商交流、开展民主监督、宣传党和国家政策法规、深化思想沟通，广集良策促进决策优化，广聚共识推动决策实施。健全知情明政机制，通过邀请参加有关重要会议、参加视察考察调研和检查督导工作、建立定期通报情况制度、提供协商相关材料、组织专题报告会等，增强协商精准性和实效性。健全决策咨询制度，完善重大决策前的民主听证会、民主恳谈会、民主评议等，完善基于互联网平台构建公众参与政策评估的方式，吸纳社会公众特别是利益相关方参与决策，吸收专家学者、智库机构进行决策咨询，使决策和工作更好顺乎民意、合乎实际。

完善协商成果采纳、落实、反馈机制。规范和拓展协商成果报送渠道，对协商的主要内容、重要共识、意见建议，做好汇总、分析、精选、报送工作。建立完善协商成果研究吸纳和转化运用机制，各级党委和政府及有关部门应重视协商意见研究办理，重要协商成果可作为决策参考体现到政策举措制定实施之中。建立健全协商成果采纳反馈制度，推动协商成果转化为工作成效。

推动协商民主落到实处

党中央关于全面发展协商民主、健全协商民主机制的任务要求已经明确，关键在于抓好落实。

坚持党的领导。党的领导是发展社会主义协商民主的根本保证。要深入学习贯彻党中央决策部署和习近平总书记关于全面发展协商民主的重要论述，坚定不移走中国特色社会主义政治发展道路，确保协商民主建设正确政治方向。建立健全党领导协商民主建设的工作制度，把协商民主建设纳入党委总体工作部署和重要议事日程，统一领导、规划、部署协商民主建设。

坚持协商为民。人民当家作主是社会主义民主政治的本质特征，全心全意为人民服务、始终代表最广大人民根本利益是我们能够实行和发展协商民主的重要前提和基础。要尊重人民主体地位和首创精神，紧紧依靠人民推进协商民主。按照协商于民、协商为民的要求，把协商嵌入到人民依法有效管理国家事务、管理经济和文化事业、管理社会事务的各项工作中。加强基层协商民主建设，保证人民在日常政治生活中有广泛持续深入参与的权利。

把准协商议题。要坚持围绕中心、服务大局，锚定中国式现代化目标任务，聚焦经济建设这一中心工作和高质量发展这一首要任务，牢牢把握协商议政的重点和着力点。紧扣党中央重大决策部署、国家重大战略需求、发展中重大现实问题，紧贴社会民生领域重点难点问题，把协商建言搞好。围绕协商议题，深入调查研究，提出切实管用的对策建议，推动协商走深走实。

提高协商能力。要强化协商意识，做到平等协商、民主协商，商以求同、协以成事。领导干部要带头实践协商民主，掌握协商民主工作的原则、规律、方法，做到集思广益、从善如流。培育协商民主文化，养成有事好商量的习惯，营造既畅所欲言、各抒己见，又理性有度、合法依章的协商氛围。

（《人民日报》2024年8月29日第9版）

引领 为高质量发展提供强大动力

深化生态文明体制改革

孙金龙

党的二十届三中全会通过的《中共中央关于进一步全面深化改革、推进中国式现代化的决定》(以下简称《决定》),对新时代新征程深化生态文明体制改革作出重大部署,充分体现了以习近平同志为核心的党中央对生态文明建设的高度重视和战略谋划,彰显了生态文明制度体系在中国特色社会主义制度和国家治理体系中的重要地位。我们要坚持以习近平新时代中国特色社会主义思想特别是习近平生态文明思想为指导,准确把握新时代新征程深化生态文明体制改革的重大意义和目标任务,坚决抓好贯彻落实,全面推进美丽中国建设,加快推进人与自然和谐共生的现代化。

新时代生态文明体制改革取得显著成效

党的十八大以来,以习近平同志为核心的党中央把生态文明建设作为关系中华民族永续发展的根本大计,统筹加强生态文明顶层设计和制度体系建设,开展一系列开创性工作、推进一系列变革性实践、取得一系列突破性进展、形成一系列标志性成果,生态文明领域国家治理体系和治理能力现代化水平明显提升。

生态文明制度体系实现系统性重塑。坚持全方位布局、系统化构建、多层次推进，用最严格制度最严密法治保护生态环境。生态文明载入党章和宪法，制定修订环境保护法及30余部生态环境法律法规，党中央、国务院印发实施《关于加快推进生态文明建设的意见》、《生态文明体制改革总体方案》及几十项具体改革方案，逐步建立起自然资源资产产权制度、国土空间开发保护制度、空间规划体系、资源总量管理和全面节约制度、资源有偿使用和生态补偿制度、环境治理体系、环境治理和生态保护市场体系、生态文明绩效评价考核和责任追究制度等基础制度，中国特色社会主义生态环境保护法律体系和生态文明"四梁八柱"性质的制度体系基本形成。

生态文明建设责任得到全面压紧压实。牢牢牵住责任制这个"牛鼻子"，建立实施生态文明建设目标评价考核、污染防治攻坚战成效考核、领导干部自然资源资产离任审计、河湖长制、林长制、生态环境损害责任终身追究、生态环境损害赔偿等制度，严格落实生态环境保护"党政同责"、"一岗双责"和"管发展必须管环保、管生产必须管环保、管行业必须管环保"要求，党委领导、政府主导、企业主体、社会组织和公众共同参与的责任体系更加严密健全，全党全国推进生态文明建设的自觉性主动性不断增强。特别是习近平总书记亲自谋划、亲自部署、亲自推动的中央生态环境保护督察制度，成为夯实生态文明建设政治责任的重大制度创新和改革举措。

自然资源和生态环境管理体制改革取得重大突破。按照优化协同高效的原则，整合优化机构职能，组建自然资源部，统一行使全民所有自然资源资产所有者职责，统一行使所有国土空间用途管制和生态保护修复职责；组建生态环境部，整合分散在各相关部门的生态环境保护职责，统一行使生态和城乡各类污染排放监管与行政执法职责。实施省以下生态环境机构监测监察执法垂直管理制度改革和生态环境保护综合执法改革，优化流域海域生态环境监管和行政执法职能配置，生态环境监测监察执法的独立性、统一性、权威性和有效性不断加强。

生态环境治理体系改革持续深化。生态环境保护工作实现以抓污染物总量减排为主向以改善生态环境质量为核心转变，完成国家生态环境质量监测事权上收，完成固定污染源排污许可全覆盖，全面禁止"洋垃圾"入境。科学划定生态保护红线，设立首批国家公园。建立自然资源统一确权登记制度，深入推进"多规合一"改革。深入落实全面节约战略，实行最严格耕地保护制度、节约用地制度、水资源管理制度。开征环境保护税，建立绿色金融体系，推行排污权交易，建成全球规模最大的碳排放权交易市场。

这一系列改革举措的实施，有力推动污染防治攻坚向纵深推进，绿色低碳高质量发展迈出坚实步伐，生态文明建设取得举世瞩目的巨大成就，生态环境保护发生历史性、转折性、全局性变化，人民群众生态环境获得感幸福感安全感不断增强，成为新时代党和国家事业取得历史性成就、发生历史性变革的重要组成部分。

深刻认识新时代新征程深化生态文明体制改革的重大意义

中国式现代化是人与自然和谐共生的现代化。建设美丽中国是全面建设社会主义现代化国家的重要目标，是实现中华民族伟大复兴中国梦的重要内容。新时代新征程深化生态文明体制改革，完善生态文明制度体系，加快完善落实绿水青山就是金山银山理念的体制机制，对于全面推进美丽中国建设、筑牢中华民族伟大复兴生态根基具有重大意义。

深化生态文明体制改革是以美丽中国建设全面推进人与自然和谐共生现代化的根本动力。习近平总书记强调："建设生态文明，重在建章立制"。与发达国家基本解决环境污染问题后转入强化碳排放控制阶段不同,我国生态文明建设同时面临实现生态环境根本好转和碳达峰碳中和两大战略任务,协同推进降碳、减污、扩绿、增长,全面推进美丽中国建设任务依然艰巨。新时代新征程上,必须进一步深化生态文明体制改革,增强改革系统性、整体性、协同性,精准发力、协同发力、持续发力,着力破解突出矛盾和问题,构建与美丽中国建设相适应的体制机制,加快形成以实现人与自然和谐共生现代化为导向的美丽中国建设新格局。

深化生态文明体制改革是以高水平保护支撑高质量发展的必然要求。习近平总书记强调:"绿色发展是高质量发展的底色,新质生产力本身就是绿色生产力。"当前,我国经济社会发展已进入加快绿色化、低碳化的高质量发展阶段,统筹高质量发展和高水平保护任重道远,经济社会发展绿色转型内生动力不足,产业结构高耗能、高碳排放特征依然明显,资源环境约束趋紧的状况仍将持续。新时代新征程上,必须进一步深化生态文明体制改革,以更大的改革决心和更实的改革举措,坚决破除影响高水平保护、制约高质量发展的体制机制障碍,加快推动发展方式绿色低碳转型,构建绿色低碳循环发展经济体系,以高水平保护培育绿色生产力、支撑高质量发展。

深化生态文明体制改革是以生态环境根本好转增进人民群众福祉的重要保障。习近平总书记强调:"良好生态环境是最公平的公共产品,是最普惠的民生福祉。"生态文明建设是关系党的使命宗旨的重大政治问题,是关系民生福祉的重大社会问题。随着我国社会主要矛盾发生变化,必须更加重视回应人民群众日益增长的优美生态环境需要。新时代新征程上,必须进一步深化生态文明体制改革,强化生态文明制度执行力和刚性约束,进一步压紧压实生态环境保护责任,持续提升生态环境治理现代化水平,着力推动生态环境持续改善、全面改善和根本好转，让美丽中国建设成果更多更公平惠及全体人民。

深化生态文明体制改革是以引领全球环境与气候治理构建地球生命共同体的迫切需要。习近平总书记强调："面对生态环境挑战，人类是一荣俱荣、一损俱损的命运共同体"。当今世界百年未有之大变局加速演进，全球环境治理的复杂性、严峻性、不确定性上升，政治化趋势明显增强，我国参与全球环境与气候治理面临新任务新挑战。新时代新征程上，必须进一步深化生态文明体制改革，增强我国碳达峰碳中和工作、应对气候变化战略、生态环境战略、国际和外交战略协同性，坚决维护我国发展利益，持续提升我国在全球环境与气候治理中的话语权和影响力，引领推动全球可持续发展，共建清洁美丽世界。

全面落实深化生态文明体制改革目标任务举措

《决定》明确将聚焦建设美丽中国、促进人与自然和谐共生作为进一步全面深化改革总目标的重要方面，部署了深化生态文明体制改革的重点任务和重大举措。我们要锚定美丽中国建设目标，不折不扣落实深化生态文明体制改革各项任务，为全面推进美丽中国建设、加快推进人与自然和谐共生的现代化注入强劲动力、提供有力保障。

完善生态文明基础体制。生态文明建设是长期而复杂的系统工程，必须坚持和加强党的全面领导，强化生态环境保护督察，扎实开展美丽中国建设成效考核，制定实施地方党政领导干部生态环境保护责任制规定，夯实美丽中国建设政治责任。实施分区域、差异化、精准管控的生态环境管理制度，健全生态环境监测和评价制度。建立健全国土空间用途管制和规划许可制度，健全自然资源资产产权制度和管理制度体系，完善全民所有自然资源资产所有权委托代理机制，建立生态环境保护、自然资源保护利用和资产保值增值等责任考核监督制度，引导、规范和约束各类开发、利用自然资源的行为。完善国家生态安全工作协调机制，提升国家生态安全风险研判评估、监测预警、应急应对和处置能力。编纂生态环境法典，统筹推进生态环境、资源能源、应对气候变化等领域法律法规制定修订，强化美丽中国建设法治保障。

健全生态环境治理体系。高品质生态环境是美丽中国的重要标志，必须推进生态环境治理责任体系、监管体系、市场体系、法律法规政策体系建设，加快推动生态环境质量改善从量变到质变。推进美丽中国先行区建设，开展多领域多层次创新试点示范。完善精准治污、科学治污、依法治污制度机制，以更高标准深入打好蓝天、碧水、净土保卫战。落实以排污许可制为核心的固定污染源监管制度，推动实现固定污染源排污许可全要素、全联动、全周期管理。建立新污染物协同治理和环境风险管控体系，大力推进多污染物协同减排。深入推进排污权有偿使用和交易制度建设，深化环境信息依法披露制度改革，构建环境信用监管体系，强化企业生态环境主体责任落实。推动重要流域构建上下游贯通一体的生态环境治理体系，进行整体保护、系统修复、综合治理。

尊重自然、顺应自然、保护自然，是全面建设社会主义现代化国家的内在要求，必须加大生态保护修复力度，着力提升生态系统多样性、稳定性、持续性。落实生态保护红线管理制度，健全山水林田湖草沙一体化保护和系统治理机制，建设多元化生态保护修复投入机制。健全海洋资源开发保护制度。加强生态保护修复监管制度建设。强化生物多样性保护工作协调机制，实施生物多样性保护重大工程，全面推进以国家公园为主体的自然保护地体系建设。落实水资源刚性约束制度，全面推行水资源费改税，促进水资源可持续利用。健全生态产品价值实现机制，拓宽绿水青山转化金山银山的路径。深化自然资源有偿使用制度改革。推进生态综合补偿，健全横向生态保护补偿机制，统筹推进生态环境损害赔偿，让保护修复者获得合理回报，让破坏者付出相应代价。

健全绿色低碳发展机制。生态环境问题归根结底是发展方式问题，从根本上解决生态环境问题，必须推动经济社会发展绿色化、低碳化。实施支持绿色低碳发展的财税、金融、投资、价格政策和标准体系，发展绿色低碳产业，健全绿色消费激励机制，促进绿色低碳循环发展经济体系建设。优化政府绿色采购政策，完善绿色税制，激发绿色低碳发展内生动力和市场活力。完善资源总量管理和全面节约制度，健全废弃物循环利用体系，转变资源利用方式、提高资源利用效率。健全煤炭清洁高效利用机制。加快规划建设新型能源体系，完善新能源消纳和调控政策措施。积极稳妥推进碳达峰碳中和，完善适应气候变化工作体系。建立能耗双控向碳排放双控全面转型新机制，构建碳排放统计核算体系、产品碳标识认证制度、产品碳足迹管理体系，健全碳市场交易制度、温室气体自愿减排交易制度。

（《人民日报》2024年8月30日第9版）

·下 篇·

健全社会治理体系

阎 柏

党的二十届三中全会通过的《中共中央关于进一步全面深化改革、推进中国式现代化的决定》(以下简称《决定》),对健全社会治理体系作出专门部署。这是从完善共建共治共享的社会治理制度、推进国家安全体系和能力现代化的战略高度提出的一项重大任务。我们要坚持以习近平新时代中国特色社会主义思想为指导,准确把握健全社会治理体系的重要意义、重点任务和工作要求,全面提升社会治理现代化水平,夯实国家长治久安的坚实基础。

深刻认识健全社会治理体系的重要意义

党的十八大以来,在以习近平同志为核心的党中央坚强领导下,我国社会治理体系不断完善,社会安全稳定形势持续向好,书写了经济快速发展和社会长期稳定"两大奇迹"新篇章。《决定》在总结实践经验的基础上,适应新的形势任务,就健全社会治理体系作出新的安排部署,对于加快推进社会治理现代化,以中国式现代化全面推进强国建设、民族复兴伟业具有重要意义。

健全社会治理体系,是推进国家治理体系和治理能力现代化的必然要求。推进社会治理现代化，是完善和发展中国特色社会主义制度、推进国家治理体系和治理能力现代化的重要内容。党的十八大以来，我们党在加强和改进社会治理的实践中，对社会治理规律的认识不断深化，党的十八届三中全会提出加快形成科学有效的社会治理体制，党的十九大提出打造共建共治共享的社会治理格局，党的二十大和党的二十届三中全会进一步将社会治理体系放到推进国家安全体系和能力现代化的战略中部署。我们要深入学习贯彻党中央重大决策部署，加强和创新社会治理，进一步健全党委领导、政府负责、民主协商、社会协同、公众参与、法治保障、科技支撑的社会治理体系，提高社会治理效能，以社会治理现代化助推国家治理体系和治理能力现代化。

健全社会治理体系，是满足人民美好生活需要的必然要求。习近平总书记指出，创新社会治理，要以最广大人民根本利益为根本坐标。随着时代发展和社会进步，人民对美好生活的向往更加强烈，对民主、法治、公平、正义、安全、环境等方面的要求日益增长，对我们在正义维护、权利救济、安全保障、服务供给等方面的能力和水平提出了新的期盼。只有健全社会治理体系，把实现人民对美好生活的向往作为出发点和落脚点，着力保障和改善民生，着力解决人民急难愁盼问题，使社会治理过程人民参与、成效人民评判、成果人民共享，才能让人民群众获得感幸福感安全感更加充实、更有保障、更可持续。

健全社会治理体系，是防范化解重大风险的必然要求。当前，我国经济回升向好，高质量发展扎实推进，发展面临的有利条件多于不利条件，但仍然面临发展中的困难、前进中的问题、成长中的烦恼，需要应对的风险挑战、解决的矛盾问题比以往更加严峻复杂。只有健全社会治理体系，坚持标本兼治、关口前移，完善风险防控机制，建立健全风险研判机制、决策风险评估机制、风险防控协同机制、风险防控责任机制，最大限度减少风险隐患，才能更好维护社会大局稳定。

扎实抓好健全社会治理体系重点任务的落实

《决定》坚持目标导向、问题导向，聚焦制度完善、机制创新、效能提升，对健全社会治理体系的重点任务作出了具体部署。我们要扎实抓好各项重点任务落实，加快推进社会治理现代化，着力建设更高水平平安中国。

提升社会矛盾纠纷预防化解能力。中国特色社会主义进入新时代，对正确处理人民内部矛盾提出了新任务新要求。要坚持和发展新时代"枫桥经验"，立足预防、立足调解、立足法治、立足基层，做到预防在前、调解优先、运用法治、就地解决，确保"小事不出村、大事不出镇、矛盾不上交"。要大力弘扬"四下基层"的优良作风，聚焦家庭、婚恋、邻里、债务纠纷等重点方面，滚动开展排查化解，及时将各类矛盾纠纷化解在基层、解决在萌芽状态。要推进信访工作法治化，落实《信访工作条例》，推动提升预防、受理、办理、监督追责、维护秩序法治化水平，形成"受理部门负责程序推进、办理部门负责实质解决"的工作局面，确保人民群众的每一项诉求都有人办理、每一项诉求都依法推进。要健全社会心理服务体系和危机干预机制，加强社区、校园等心理咨询室、社会工作室建设，壮大专业心理矫治队伍，积极开展心理健康宣传教育和社会心理服务，培育自尊自信、理性平和、积极向上的社会心态。要健全发挥家庭家教家风建设在基层治理中作用的机制。

强化社会治安整体防控。社会治安综合治理是社会治理的重要内容，是解决影响我国社会治安深层次问题、建设更高水平平安中国的根本途径。要完善社会治安整体防控体系，把专项治理和系统治理、依法治理、综合治理、源头治理结合起来，深入推进社会治安综合治理。要全面贯彻落实《中华人民共和国反有组织犯罪法》，健全扫黑除恶常态化机制，长期斗争、依法打击、标本兼治、精准督导，有效防范整治行业领域、农村"村霸"、网络等涉黑恶突出问题，从根本上遏制黑恶势力滋生蔓延。要紧盯社会治安突出问题，依法严惩群众反映强烈的黄赌毒、食药环、盗抢骗和针对妇女儿童、留守老人的突出违法犯罪。要深入研究新形势下犯罪活动规律特点，着力提升打击电信网络诈骗、跨境赌博、侵犯公民个人信息等新型犯罪和跨国跨境跨区域犯罪能力，切实保护人民人身权、财产权、人格权。要立足于教育、挽救、预防，加强专门学校和专门教育工作，落实教育矫治措施，最大限度预防和减少未成年人犯罪。要落实刑满释放人员安置帮教措施，加强心理疏导、就业指导，帮助他们提升回归社会的能力。要加强精神障碍患者服务管理，健全源头防范机制，完善政府、社会、家庭三位一体的服务管理体系，对确有肇事肇祸倾向的依法落实强制医疗措施，严防发生个人极端事件。

完善社会治理体制机制。健全社会治理体系，必须把完善体制机制放在更加突出的位置，善于把党的领导优势转化为社会治理效能，充分调动一切积极因素，确保社会既充满生机活力又保持安定有序。要加强社会工作者队伍建设，进一步完善培养、评价、使用、激励机制，提升社会工作专业人才参与社会治理的能力水平。要建立系统完备、科学规范、协同高效的志愿服务制度和工作体系，充分发挥志愿者在提供服务、反映诉求、化解矛盾等方面的独特优势。要进一步理顺行业协会商会党建工作管理体制，推动行业协会商会深化改革和转型发展，引导行业协会商会在社会治理中发挥积极作用。要健全社会组织管理制度，完善社会组织培育扶持机制，加强社会组织规范管理，扩大社会组织有序参与，不断提升服务质效和社会公信力。要提高市域社会治理能力，整合市域资源力量，强化市民热线等公共服务平台功能，健全"高效办成一件事"重点事项清单管理机制和常态化推进机制，努力为群众提供"网上办、马上办、一次办"的高效服务。要建立全国统一的人口管理制度，统筹深化户籍制度改革和基本公共服务供给制度改革，加快农业转移人口市民化，更好地满足人民群众融入城市的期盼。要健全乡镇（街道）职责和权力、资源相匹配制度，建立健全基层权责清单，完善"街乡吹哨、部门报到"等做法，完善乡镇（街道）政法委员统筹综治中心、人民法庭、公安派出所、司法所工作机制，加强乡镇（街道）服务管理能力。

准确把握健全社会治理体系的基本要求

党的十八大以来，以习近平同志为核心的党中央就加快推进社会治理现代化提出了一系列新理念新思想新战略，明确了社会治理的路径目标、理念原则、根本取向、方法手段、着力重点，为我们加快推进社会治理现代化提供了科学指南。我们要深刻理解、准确把握、坚决落实这些基本要求，确保新时代新征程社会治理工作始终沿着正确方向前进。

坚持党的领导。中国共产党领导是中国特色社会主义最本质的特征，是中国特色社会主义制度的最大优势，也是推进社会治理现代化的根本保证。要加快健全党组织领导的自治、法治、德治相结合的城乡基层治理体系，把党的领导贯彻到社会治理全过程，提高党的政治领导力、思想引领力、群众组织力、社会号召力，真正把党的理论优势、政治优势、组织优势、制度优势、密切联系群众优势转化为社会治理的强大效能。各级党委和政府要将社会治理工作纳入重要议事日程，定期分析研判形势，研究解决重点难点问题。各级党委政法委要充分发挥牵头抓总、统筹协调、督办落实作用，推动形成问题联治、工作联动、平安联创的良好局面。基层党组织要发挥战斗堡垒作用，构建起区域统筹、条块协同、共建共享的工作新格局。

坚持以人民为中心。不断满足人民对美好生活的向往，是健全社会治理体系、实现社会治理现代化的价值归属。要牢固树立以人民为中心的发展思想，把人民群众利益放在工作首位，推动听民声察民情常态化，着力解决人民群众最关心、最直接、最现实的利益问题，持续提高公共服务均衡化、优质化水平，让人民群众成为社会治理的最大受益者。要畅通人民群众参与社会治理的制度化渠道，创新组织群众、发动群众机制，依靠群众解决群众身边的矛盾问题，让人民群众成为社会治理的最广泛参与者。要以群众满意为根本标尺，建立完善科学合理、操作性强的社会治理绩效考评指标体系，加大群众意见在社会治理绩效考评中的权重，真正把评判"表决器"交到群众手中，让人民群众成为社会治理的最终评判者。

坚持运用法治思维和法治方式。法治是社会治理的最有效方式，是社会治理现代化的重要标志。要把法治要求落实到社会治理各层次、各领域，发挥好法治对社会治理的规范和保障作用。要推进科学立法，用足用好地方立法权，找准立法切口，制定接地气、有特色、真管用的社会治理法律法规，以良法保障善治。要推进严格执法，加大关系群众切身利益的重点领域执法力度，规范执法自由裁量权，提高执法质量、效率和公信力。要推进公正司法，强化对司法活动的制约监督，提高服判息诉率和群众满意度，让人民群众切实感受到公平正义就在身边。要推进全民守法，健全覆盖城乡的公共法律服务体系，推动实施公民法治素养提升行动，落实"谁执法谁普法"普法责任制，增强全民法治观念，形成办事依法、遇事找法、解决问题用法、化解矛盾靠法的良好氛围。各级领导干部要自觉带头尊法学法守法用法，善于运用法治思维和法治方式化解矛盾、维护稳定、推进社会治理。

坚持夯实基层基础。社会治理工作最坚实的力量支撑在基层，最突出的矛盾和问题也在基层，必须把抓基层打基础作为长远之计、固本之策。要树立大抓基层、大抓基础的政策导向，推动社会治理和服务重心向基层下移，把更多资源、服务、管理下沉到基层。要健全社区管理和服务机制，完善网格化管理、精细化服务、信息化支撑的基层治理平台，推进基层综治中心规范化建设，做到权责明晰、运转顺畅、方便群众。要加强基层干部队伍建设，增强基层干部掌握情况、化解矛盾、服务群众本领，推动社会治理各项措施落实到位。

（《人民日报》2024年9月2日第9版）

引领 为高质量发展提供强大动力

健全社会工作体制机制

吴汉圣

社会工作是党的工作的重要组成部分。做好新时代党的社会工作,对于走好党的群众路线,把广大人民群众团结凝聚在党的周围,充分激发人民群众的积极性、主动性、创造性,促进社会领域各类组织健康发展,激发和增强社会活力,汇聚全社会推进改革发展的智慧和力量,具有十分重要的意义。党的二十届三中全会通过的《中共中央关于进一步全面深化改革、推进中国式现代化的决定》(以下简称《决定》)对社会工作领域改革发展提出明确要求,作出"健全社会工作体制机制"等一系列部署,为新时代社会工作高质量发展指明了前进方向。我们要深入学习领会、坚决贯彻落实,更好地把党的领导和中国特色社会主义制度优势转化为社会工作效能,为推进强国建设、民族复兴伟业提供更加有利的社会环境。

党的十八大以来社会工作领域改革发展取得历史性成就

党的十八大以来,以习近平同志为核心的党中央从党和国家事业发展战略和全局高度,大力推进理念创新、制度创新、实践创新,推动社会工作实现历史性变革、系统性重塑、整体性重构,进一步夯实党的执政基础和国家治理根基，开创了"中国之治"新局面。

党的社会工作理论创新发展。习近平总书记围绕新时代为什么要加强社会工作、怎样加强社会工作等重大理论和实践问题，提出一系列新思想新观点新论断，深化了对党的社会工作的规律性认识。在根本原则上，强调以党的领导统揽全局，确保社会在深刻变革中既生机勃勃又井然有序；在价值取向上，强调坚持人民至上，坚持民生为大，以促进社会公平正义、增进人民福祉为出发点和落脚点；在发展方向上，强调坚定不移走中国特色社会主义社会治理之路；在重点任务上，强调构建党组织领导的共建共治共享的城乡基层治理格局，扩大党在新兴领域的号召力和凝聚力，加强预防和化解社会矛盾机制建设，健全社会参与机制；在方法路径上，强调坚持自治、法治、德治相结合，提高社会治理社会化、法治化、智能化、专业化水平；在基础保障上，强调坚持大抓基层的鲜明导向，推动各类资源向基层下沉，统筹考虑基层干部队伍建设，充实基层一线力量，等等。习近平总书记关于社会工作的重要论述是习近平新时代中国特色社会主义思想的重要组成部分，是党的社会工作取得重大成就的根本保证，也是新时代推动社会工作高质量发展的根本遵循和行动指南。

党对社会工作的领导全面加强。党的十八届三中全会提出创新社会治理体制的重大命题。党的十九大提出打造共建共治共享的社会治理格局。党的二十大在经济、政治、文化、社会、生态文明和党的建设等战略部署中都明确了社会工作有关任务。党的二十届二中全会决定组建中央社会工作部，作为党中央职能部门，省、市、县级党委组建社会工作部门，这是党的社会工作领导体系的重大改革。社会工作的制度机制不断健全，中央层面制定出台《中国共产党农村工作条例》《信访工作条例》和《关于加强基层治理体系和治理能力现代化建设的意见》《关于加强社区工作者队伍建设的意见》《关于健全新时代志愿服务体系的意见》等，建立健全党建引领基层治理、基层组织建设、信访工作联席会议等协调机制，有力加强了党对社会领域相关工作的统筹。

社会工作重点领域改革纵深推进。以党建引领基层治理，出台一系列针对性举措，着力破解基层治理"小马拉大车"突出问题，大幅精简会议文件，规范和减少督查检查、评选评比等，切实为基层减负赋能，乡镇（街道）和村（社区）党组织领导基层治理能力不断提高。推动领导干部接访下访，有力维护群众合法权益。党在社会工作领域组织体系不断健全，混合所有制企业、非公有制企业和新经济组织、新社会组织、新就业群体党建工作持续加强，行业协会商会深化改革、转型发展平稳推进，有力促进了社会领域各类组织健康发展。

社会工作在党和国家事业中的作用有效彰显。社会工作在扩大社会参与、协调社会利益、防范社会风险、化解社会矛盾、维护社会稳定中发挥了重要作用。社会治理格局不断健全，共建共治共享理念深入人心，人人有责、人人尽责、人人享有，形成政府治理同社会调节、居民自治良性互动的良好局面。在党组织领导和党员示范带动下，60多万个基层群众性自治组织、大量社会组织、广大社会工作者活跃在各个领域，为经济社会高质量发展贡献力量。社会工作成效在脱贫攻坚、疫情防控、抢险救灾等大战大考中得到充分展现，彰显了中国特色社会主义社会治理的独特优势和蓬勃生机。

健全社会工作体制机制，
是进一步全面深化改革、推进中国式现代化的题中应有之义

当前，我国正处在以中国式现代化全面推进强国建设、民族复兴伟业的关键时期，社会工作面临许多新情况新任务。随着经济社会快

速发展，社会结构发生深刻变化，特别是城市规模快速扩展和农村地区"空心化"等，给社会工作带来新的问题；群众对美好生活期待更高，思想认识、价值取向、道德观念日益多元，给社会工作带来新的挑战；新经济组织、新社会组织、新就业群体大量涌现，给社会工作提出新的课题；互联网和新技术普及应用，社会交往方式、行为方式、思维方式发生深刻变化，给社会工作提出新的要求。所有这些，都迫切需要通过全面深化改革加以破解，其中首要的是从健全体制机制上着力。

健全社会工作体制机制，是坚持和加强党对社会工作全面领导的必然要求。党的二十大强调，把党的领导落实到党和国家事业各领域各方面各环节。谋划和推进社会工作，首要的一条就是发挥党总揽全局、协调各方的领导核心作用。这就要求我们必须从体制机制上作出安排，确保党的理论和路线方针政策全面贯彻落实到社会工作各领域，把党的理论优势、政治优势、组织优势、制度优势、密切联系群众优势转化为经济社会发展优势。

健全社会工作体制机制，是推进国家治理体系和治理能力现代化的战略举措。社会治理现代化是国家治理体系和治理能力现代化的重要内容。健全社会工作体制机制，对于推动新时代社会工作高质量发展具有重要意义。推进社会治理现代化，必须着力破解深层次体制机制障碍，从根本上为社会发展进步夯实基础。这就要求我们着力构建系统完备、科学规范、运行有效的制度体系，进一步提升社会治理现代化水平。

健全社会工作体制机制，是增强社会工作整体效能的重要支撑。社会工作是系统工程，需要各级各方共同参与、合力推动。只有不断健全制度机制，才能明晰各方权责关系，实现资源整合、力量融合。这就要求我们认真总结实践经验，建立起上下贯通、统一归口、责任明晰、有机衔接的领导体制、工作体系和运行机制，推动各级各方增进协同配合，促进社会工作高效统筹协调。

健全社会工作体制机制，是激发和增强社会活力的内在需要。中国式现代化是全体人民的共同事业，必须坚持全体人民共同参与，把各方面积极性调动起来。推动社会领域各类组织健康发展，做好各类群体凝聚服务，对于激发社会活力具有重要意义。这就要求我们健全社会工作体制机制，加强对各类组织、各类群体的引领服务，让全社会创造活力竞相迸发，让全体人民聪明才智充分涌流，汇聚起强国建设、民族复兴的磅礴力量。

认真落实健全社会工作体制机制的重点任务，以改革创新精神推动新时代社会工作高质量发展

健全社会工作体制机制，加强新时代社会工作，必须坚持以习近平新时代中国特色社会主义思想为指导，深入学习贯彻习近平总书记关于社会工作的重要论述，深入贯彻落实党的二十大和二十届二中、三中全会精神，坚持党管社会工作，坚定不移走中国特色社会主义社会治理之路，坚持以人民为中心，坚持自治、法治、德治相结合，构建党委统一领导，社会工作部门统筹协调，各部门各单位各负其责、协同配合，全社会共同参与、共同享有、共同发展的工作格局。要解放思想、深化改革、精准施策，聚焦社会工作重点领域，健全体制机制，不断推动新时代社会工作高质量发展。

健全汇集民智、化解民忧的体制机制。《决定》强调："健全吸纳民意、汇集民智工作机制""推进信访工作法治化"。我们要发挥社会主义民主政治优势，构建党委社会工作部门指导、各方积极参与的人民建议征集工作机制，广泛听取人民群众意见建议，为进一步全面深

化改革、推进中国式现代化凝聚智慧和力量。坚持和发展新时代"枫桥经验",深化信访制度改革,推进预防、受理、办理、监督追责、维护秩序法治化,用好用足信访工作"晴雨表",真实把握群众的所思所想所忧所盼,把工作做到群众心坎上。认真落实党中央决策部署,完善党委社会工作部门统一领导信访部门的制度机制,把统一领导的要求规范化、具体化。继续用好信访工作联席会议机制,加强部门工作协同,共同推动有关任务落实。

健全党建引领基层治理的体制机制。《决定》强调:"健全党组织领导的自治、法治、德治相结合的城乡基层治理体系,完善共建共治共享的社会治理制度""加强党建引领基层治理"。党的二十大党章规定:"街道、乡、镇党的基层委员会和村、社区党组织,统一领导本地区基层各类组织和各项工作,加强基层社会治理"。这为以党建引领基层治理提供了党内法规依据。中央党的建设工作领导小组专门设立党建引领基层治理协调机制,由中央组织部牵头,中央社会工作部负责具体协调工作。各地要建立健全相应的协调机制,加强党委社会工作部门与组织、宣传、政法和民政、农业农村等部门的工作协同,对涉及村民委员会、居民委员会工作中需要以政府名义出面的,政府有关部门要协助做好相关工作。健全乡镇(街道)职责和权力、资源相匹配制度,加强乡镇(街道)服务管理力量,制定乡镇(街道)履行职责事项清单,推广"街乡吹哨、部门报到"等做法,健全为基层减负长效机制,认真落实破解基层治理"小马拉大车"突出问题的政策举措,严格控制面向基层的督查、检查、考核总量,着力清理基层组织"滥挂牌"问题,推动资源、服务、管理等下沉基层,为基层干部干事创业营造良好环境。

健全深化行业协会商会改革的体制机制。《决定》强调:"深化行业协会商会改革。"行业协会商会特别是全国性行业协会商会,是我国经济建设和社会发展的重要力量。要加强党对行业协会商会的全面领导，健全党的组织体系和群团组织体系，构建以党内监督为主导、各类监督贯通协调的监督体系。充分发挥行业协会商会改革发展部际联席会议作用，研究深化改革的有关问题，积极提出工作建议。健全行业协会商会内部管理制度，促进规范管理、健康发展。明确脱钩行业协会商会主要行业管理部门，切实履行行业监管和业务指导职责；发挥有关部门职能优势，提升综合监管效能。抓好行业协会商会党的工作和改革发展，更好地服务国家、服务社会、服务群众、服务行业。

健全增强党在新兴领域号召力凝聚力影响力的体制机制。《决定》强调："探索加强新经济组织、新社会组织、新就业群体党的建设有效途径。""三新"是经济社会发展的重要主体，也是基层党建的重要阵地。要理顺党建工作管理体制，优化地方党委"两新"工委工作机制，构建党委组织部门统筹协调、社会工作部门归口指导、行业管理部门各负其责、街道社区（园区）属地管理的工作格局。创新党建工作理念方法，把思想政治引领与凝聚服务结合起来，完善相关领域群众利益协调机制，引领正确发展方向，维护各方合法权益。

健全加强社会工作者队伍和志愿服务体系建设的体制机制。《决定》强调："加强社会工作者队伍建设，推动志愿服务体系建设。"要加大专业教育培养力度，完善社会工作者职业资格制度，建好用好社区工作者、社会工作专业人才、志愿者等队伍。推进职业体系建设，健全教育培训、管理监督、激励保障等制度机制，打造政治坚定、素质优良、敬业奉献、结构合理、群众满意的社区工作者队伍。健全党委组织部门牵头抓总、社会工作部门负责并组织实施、相关部门密切配合的社会工作专业人才队伍建设工作机制，加强重点领域社会工作专业人才的培养使用。健全适应新时代要求、具有中国特色的志愿服务体系，构建党委统一领导、社会工作部门牵头、相关部门和群团组织分工合作、具体推动的志愿服务领导体制和工作机制，发挥各类社会组织的积极作用，大力弘扬志愿精神，建设素质过硬、数量充足的志愿队伍，聚焦乡村全面振兴、美丽中国建设、共建"一带一路"等重大任务，引导广大人民群众贡献智慧力量、共同创造美好生活。

(《人民日报》2024年9月3日第9版)

引领 为高质量发展提供强大动力

深化跨军地改革

钟 新

党的二十届三中全会通过的《中共中央关于进一步全面深化改革、推进中国式现代化的决定》(以下简称《决定》)提出,要深化跨军地改革。这是以习近平同志为核心的党中央统筹发展和安全、富国和强军,着眼加快国防和军队现代化作出的战略部署,是巩固拓展国防和军队改革成果、开创改革强军新局面的重大举措。各方面要深入学习领会党中央的战略考量,把握深化跨军地改革的重要意义和实践要求,高标准完成各项改革任务。

新时代跨军地改革取得重大成就

党的十八大以来,我们党着眼实现党在新时代的强军目标,把深化国防和军队改革纳入全面深化改革总盘子,领导开展新中国成立以来最为广泛、最为深刻的国防和军队改革。在这场伟大变革中,党中央把跨军地改革作为一项重要内容,加强顶层设计、跨域统筹、协调推进,取得一系列重要理论成果、制度成果、实践成果。

完善统筹经济建设和国防建设的领导管理体系。着眼形成一体化国家战略体系和能力,构建统筹经济建设和国防建设的领导管理体制,重塑组织管理体系、工作运行体系、政策制度体系，推动经济建设和国防建设协调发展、平衡发展、兼容发展。构建国防发展领域总揽全局、协调各方的党的领导体系，加强党中央对国防发展特别是国防科技和武器装备建设的集中统一领导，充分发挥我国制度优势和新型举国体制优势推进国防建设。

构建退役军人服务保障体系。着眼维护军人军属合法权益，让军人成为全社会尊崇的职业，建立集中统一、职责清晰的退役军人管理保障体制，组建退役军人事务部，在县级以上成立退役军人事务工作领导机构和行政机构，建成从国家到村（社区）六级退役军人服务中心，出台《中华人民共和国退役军人保障法》，制定安置就业、优抚褒扬、服务保障等方面配套政策，形成纵向联动、横向协同、全国一盘棋的退役军人工作格局。

调整武警部队领导指挥体制和力量结构。按照军是军、警是警、民是民的原则，调整武警部队归中央军委建制，由党中央、中央军委集中统一领导，进一步强化党对全国武装力量的绝对领导。整体移交武警黄金、森林、水电部队至国家有关职能部门并改编为非现役专业队伍，不再将公安边防、消防、警卫部队列武警部队序列并全部退出现役，组建海警总队。通过调整改革，武警部队职能更加聚焦，领导指挥体制和力量体系得到优化。

调整国防动员体制和空中交通管理体制。实施国防动员体制改革，科学配置党政军系统国防动员职能，优化重组国家和省、市、县四级国防动员委员会，调整设立相关办事机构，建立国防动员指挥运用军地协调机制，形成在党领导下军地各司其职、密切协同的国防动员新格局。实施空管体制改革，在中央和地方层面成立相关领导机构和办事机构，加快优化国家空中交通管理系统。此外，还实施预备役部队调整改革，在军队保障社会化、军民科技协同创新等方面推出一系列改革举措，取得扎实成效。

全面停止军队有偿服务、重塑军队资产管理秩序。着眼保持人民军队性质和本色，促进部队聚焦备战打仗主业，全面停止军队各级机关、部队及所属事业单位开展的有偿服务活动，军队不从事经营活动的目标基本实现，取得显著政治效应、军事效应和经济社会效应。创新军队资产管理模式，探索走开军队资产集中统管、军地资产置换路子，推动军队资产资源集约化利用、市场化运营、专业化发展。

认清深化跨军地改革的重要意义

改革永远在路上。在以中国式现代化全面推进强国建设、民族复兴伟业的新征程上，面对复杂斗争形势和激烈军事竞争，需要以更加坚定的决心意志持续深化国防和军队改革，不断完善人民军队领导管理体制机制、联合作战体系，深化跨军地改革，提高捍卫国家主权、安全、发展利益战略能力。对深化跨军地改革的重要意义，可以从三个方面来认识。

这是推进国家治理体系和治理能力现代化的重要内容。坚持和完善中国特色社会主义制度，到2035年基本实现国家治理体系和治理能力现代化，是我们党的战略任务和重要目标。经过这一轮国防和军队改革，国防领域一些体制机制和政策制度问题得到有力破解，为国防建设注入了强劲动力、提供了有力保障。同时，随着国家安全形势变化和强国强军实践发展，国防建设遇到不少新情况，一些矛盾问题逐步显现，主要集中在军地交叉部位、衔接关口和协调环节。《决定》把经济、政治、文化、社会、生态文明、军事、外事等各领域改革作为整体来谋划和推进，把深化跨军地改革作为持续深化国防和军队改革的一个重点，就是要破解深层次体制机制障碍和结构性矛盾，使国防建设相关制度更加科学、更加完善，同国家治理相适应、相协调。

这是促进国防实力和经济实力同步提升的战略抓手。科学摆布经济建设和国防建设的关系，是推进中国式现代化必须正确处理的重大课题。当前，世界科技革命、产业革命、军事革命加速发展，国家战略竞争力、社会生产力、军队战斗力的耦合关联更为紧密，特别是太空、网络空间、人工智能等新兴领域技术同源、产业同根、路径同步，为提升国防实力和经济实力提供了重要机遇。巩固提高一体化国家战略体系和能力，需要以更加有力的制度安排和保障，促进国防建设深度融入经济社会发展，推动新质生产力同新质战斗力高效融合、双向拉动。深化跨军地改革，就是要持续调整相关体制、优化工作机制，加强战略规划统筹、政策制度衔接、资源要素共享，推进各领域特别是新兴领域战略布局一体融合、战略资源一体整合、战略力量一体运用。

这是推动国防和军队高质量发展的内在要求。习主席指出，加快国防和军队现代化，必须把高质量发展放在首位。现在，国防和军队建设正处在提质增效的关键阶段，实现建军一百年奋斗目标、加快国防和军队现代化，需要坚持全局统筹、系统抓建、体系治理，协调推进各领域治理、全链路治理、各层级治理、跨军地治理，以高水平治理推动高质量发展。全面加强军事治理是我们党治军理念和方式的一场深刻变革，改革是全面加强军事治理的重要推动力。深化跨军地改革，就是要贯彻治理的理念，进一步完善相关组织体系和运行制度，理顺关系、厘清职能、畅通链路，加强跨军地、跨领域统筹，形成各司其职、紧密协作、规范有序的跨军地工作格局，提高跨军地治理能力，提高军事系统运行效能和国防资源使用效益。

把握深化跨军地改革的重大举措

《决定》对深化跨军地改革作出明确部署,安排了当前和今后一个时期重点改革任务,需要各级准确理解把握、全面贯彻落实,尤其要关注以下三个方面重大举措。

健全一体化国家战略体系和能力建设工作机制。巩固提高一体化国家战略体系和能力,是应对复杂安全威胁、赢得国家发展优势的战略之举。在党中央坚强领导下,构建一体化国家战略体系和能力取得重大进展,体制、机制、政策全面重塑,重点区域、重点领域、新兴领域协调发展迈出扎实步伐。下一步,重点是优化相关工作机制,提高跨军地统筹协调水平。完善涉军决策议事协调体制机制,健全国防建设军事需求提报和军地对接机制,完善军地标准化工作统筹机制,促进国家综合实力快速高效转化为先进战斗力。

优化国防科技工业体系和布局。强大的国防科技工业是国防和军队现代化的重要依托,是提升新质战斗力的基础。党的十八大以来,我国国防科技工业整体实力和核心竞争力显著提升,但基础还不够厚实,研发生产、持续供给、自主可控、平战转换等能力同国家安全战略需要还不相适应。应深化国防科技工业体制改革,完善建设管理运行机制,改进武器装备采购制度,畅通从作战需求生成到武器装备供给的链路,构建武器装备现代化管理体系。进一步优化国防科技工业布局,健全竞争择优、正向激励机制,加强军工核心能力建设,构建健壮强韧的国防科技工业体系。

优化边海防领导管理体制机制。根据国家安全环境的发展变化,我国边海防领导管理体制大体经历了新中国成立后军队为主管理、上世纪70年代军地分工管理、80年代在中央边防工作领导小组协调下军地分工协作等阶段，1991年设立国家边防委员会，2005年更名为国家边海防委员会。这一体制沿用至今，在有力维护国家边海防安全的同时，也面临边海防工作组织体系不够完备、军地事权不够明晰、法规制度不够完善等问题。下一步，重在加强党中央对边海防的集中统一领导，优化边海防领导管理体制机制，完善党政军警民合力治边机制，提升强边固防综合能力，为建设强大稳固的现代边海防提供有力保障。

合力抓好深化跨军地改革任务落实

习主席指出，改革有破有立，得其法则事半功倍，不得法则事倍功半甚至产生负作用。跨军地改革涵盖领域广、涉及部门多，必须加强政治引领和组织领导，以钉钉子精神抓改革落实。

坚持问题导向。坚持问题导向是改革的鲜明特征，也是改革的重要经验。深化跨军地改革，就是要奔着问题去，盯着问题改，向解决深层次矛盾问题发力。推进每一项改革任务，都应当找准制约国防和军队现代化的问题根源和关键，扭住主要矛盾和矛盾的主要方面，体制上有弊端的破旧立新，机制上有短板的固强补短，政策上有障碍的打通堵点，利益上有壁垒的聚力突破，切实增强改革的针对性实效性。

坚持体系推进。跨军地改革牵涉军地多个方面，关联发展和安全诸多因素，需要强化统筹兼顾，增强改革的系统性、整体性、协同性。应当统筹抓好各项改革的研究论证、方案制定、组织实施，明确优先序，把握时度效，实现整体推进和重点突破相统一。推进跨军地改革既要把握自身的特殊性，还要考虑与其他改革的关联性，确保跨军地改革与其他改革同向发力、同频共振。

坚持积极稳妥。一些跨军地重大改革举措牵一发而动全身，需要坚持稳中求进工作总基调，既积极主动又扎实稳健，稳妥审慎地推动落实。注重先立后破，战略上勇于进取，战术上稳扎稳打，掌握好改革节奏，控制住改革风险。有的改革触及复杂利益关系，既要强化进取意识、机遇意识、责任意识，勇于突破不适宜的利益格局，又要讲求方法策略，妥善处理改革中遇到的矛盾问题。

坚持军地联动。跨军地改革越向纵深推进，遇到的硬骨头会越多，越需要军地各方面担起应尽的责任，齐心协力攻克改革堵点、难点。各相关部门和单位应强化大局观念，善于算大账、总账、长远账，做到局部服从全局、要素服从体系。加强军地协商对接，主责单位主动作为，参与单位积极配合，按照职责分工抓好各项工作落实。注重调动和发挥各方面积极性、创造性，广泛听取意见建议，最大限度凝聚深化跨军地改革的智慧和力量。

(《人民日报》2024年9月4日第13版)

·下 篇·

着力铲除腐败滋生的土壤和条件

张福海

党的二十届三中全会通过的《中共中央关于进一步全面深化改革、推进中国式现代化的决定》(以下简称《决定》),围绕强国建设、民族复兴伟业擘画改革蓝图,强调深入推进党风廉政建设和反腐败斗争,对着力铲除腐败滋生的土壤和条件作出重大部署。这是新征程上提高党对进一步全面深化改革、推进中国式现代化的领导水平,以党的自我革命引领社会革命的重大举措。要切实把思想和行动统一到《决定》精神上来,坚持以改革精神着力铲除腐败滋生的土壤和条件,确保党永远不变质、不变色、不变味,始终成为中国特色社会主义事业的坚强领导核心。

深刻认识铲除腐败滋生的土壤和条件的重大意义

进入新时代,以习近平同志为核心的党中央把全面从严治党纳入"四个全面"战略布局,以"得罪千百人、不负十四亿"的使命担当开展史无前例的反腐败斗争,一体推进不敢腐、不能腐、不想腐,消除了党、国家、军队内部存在的严重隐患,推动反腐败斗争取得压倒性胜利并全面巩固,为顺利实现第一个百年奋斗目标、向第二个百年奋斗目标进军提供了坚强保障。党的二十大报告在总结反腐败斗争历史性成就的基础上，深刻指出"铲除腐败滋生土壤任务依然艰巨"，强调"只要存在腐败问题产生的土壤和条件，反腐败斗争就一刻不能停，必须永远吹冲锋号"。在二十届中央纪委三次全会上，习近平总书记进一步指出："新征程反腐败斗争，必须在铲除腐败问题产生的土壤和条件上持续发力、纵深推进。"这是我们党从所处的历史方位、肩负的历史使命出发作出的战略部署，具有重大现实意义和根本指导作用。

这是服务保障中国式现代化的必然要求。党领导的社会革命迈上新征程，党的自我革命必须展现新气象。推进中国式现代化是一项前无古人的开创性事业，需要实现更高质量、更有效率、更加公平、更可持续、更为安全的发展。腐败污染政治生态，破坏公平正义，损害营商环境，侵害群众利益，积累风险隐患，是实现中国式现代化的"拦路虎""绊脚石"。新时代新征程反腐败斗争必须紧紧围绕党和国家中心任务，服务高质量发展，落实进一步全面深化改革部署，从源头着力、向治本深化，努力营造风清气正的政治生态和良好发展环境，为推进中国式现代化清淤除障、保驾护航。

这是准确把握反腐败斗争形势的战略抉择。习近平总书记反复强调，反腐败斗争取得压倒性胜利并全面巩固，但形势依然严峻复杂。当前反腐败斗争已经进入深水区，腐败存量还未清底、增量仍有发生，说明腐败滋生的土壤和条件尚未彻底根除。从政治层面看，"七个有之"问题仍不同程度存在，党内政治生态还需持续净化；从经济层面看，"围猎"者和"被围猎"者的不当得利远高于所付成本，利益诱惑巨大；从制度层面看，一些制度规范尚不完善，给权力设租寻租留下空间；从文化层面看，拉关系、走后门等错误思想观念仍有市场，模糊是非边界、侵蚀社会风气；从责任层面看，有的党组织管党治党政治责任履行不到位，有的领导干部奉行好人主义、缺乏斗争精神，对出现的问题放任自流，等等。如果这些土壤和条件不铲除，腐败将会陷入查不胜查的境地。新时代新征程反腐败斗争必须对症下药、精准施治、多措并举，不断提高腐败成本、减少腐败机会、消除腐败动机，向着根本解决腐败问题的目标不断前进。

这是乘势而上打赢反腐败斗争攻坚战持久战的关键举措。经过党的十八大后大刀阔斧、披荆斩棘，党的十九大后一刻不停、坚定稳妥，党的二十大后持续发力、纵深推进，我们党带领人民成功走出一条中国特色反腐败之路，推动反腐败斗争站到新的更高起点上。党对反腐败斗争的规律性认识越来越深入，对腐败问题的研判更加准确、界定更加清晰；反腐败手段越来越丰富，借助大数据等信息化技术，揪出了一批隐藏很深的腐败分子；反腐败方式越来越科学，坚持个案查处和系统整治有机结合，反腐败战果不断扩大，为进一步深化源头治理奠定了坚实基础。新时代新征程反腐败斗争必须在铲除腐败滋生的土壤和条件上下更大气力，坚定不移割除毒瘤、清除毒源、肃清流毒，从根本上巩固来之不易的胜利成果，通过不懈努力换来海晏河清、朗朗乾坤。

准确把握铲除腐败滋生的土壤和条件的重要原则

《决定》把铲除腐败滋生的土壤和条件作为推进党的自我革命的重要内容，要求不断推进党的自我净化、自我完善、自我革新、自我提高。要以习近平新时代中国特色社会主义思想为指导，深入贯彻习近平总书记关于党的自我革命的重要思想，落实"九个以"的实践要求，总结运用新时代全面从严治党宝贵经验，深化标本兼治、系统施治，不断增强治理腐败效能。

坚持党中央集中统一领导。铲除腐败滋生的土壤和条件是一项艰巨复杂的系统工程，只有在党中央集中统一领导下才能有力有效推进。要深刻领悟"两个确立"的决定性意义，增强"四个意识"、坚定"四个自信"、做到"两个维护"，完善党中央领导反腐败工作的体制机制，落实各级党组织全面从严治党政治责任，使反腐败工作在决策部署指挥、资源力量整合、措施手段运用上更加协同高效。

坚持不敢腐、不能腐、不想腐一体推进。一体推进"三不腐"是反腐败斗争的基本方针和全面从严治党的重要方略。"不敢"是前提，重在形成无禁区、全覆盖、零容忍的强大震慑；"不能"是关键，重在强化对权力配置运行的刚性约束和有效监督；"不想"是根本，重在培养廉洁奉公、拒腐防变的思想自觉。要打通三者内在联系，同时发力、同向发力、综合发力，推动"三不腐"有机统一、相互促进。

坚持以改革精神防治腐败。改革创新是完善治理体系、提高治理能力的动力所在，是铲除腐败滋生的土壤和条件的重要法宝。要将防治腐败措施与改革举措同谋划、同部署、同落实，完善配置科学、制约有效、监督有力的权力运行机制，压缩权力任性行使的空间；推进反腐败体制机制、方式方法创新，善用科技赋能，不断提升防治腐败能力和水平。

坚持永远在路上的执着坚定。腐败是人类社会共有现象，根治腐败是一个长期历史过程。要始终亮明我们党同腐败水火不容的政治立场，坚定道不变、志不改的信心决心，把严的基调、严的措施、严的氛围长期坚持下去，着力铲除腐败滋生的土壤和条件，让反复发作的老问题逐渐减少，让新出现的问题难以蔓延，推动防范和治理腐败问题常态化长效化。

· 下 篇 ·

坚决落实铲除腐败滋生的土壤和条件的重点任务

《决定》围绕着力铲除腐败滋生的土壤和条件，明确了当前和今后一个时期的重点任务和重要举措。要深入贯彻《决定》部署，完善一体推进不敢腐、不能腐、不想腐工作机制，统筹抓好任务落实。

健全党领导反腐败斗争的责任体系。《决定》指出，党的领导是进一步全面深化改革、推进中国式现代化的根本保证。要健全党中央集中统一领导、各级党委统筹指挥、纪委监委组织协调、职能部门高效协同、人民群众参与支持的反腐败工作体制机制，压实各级党委（党组）全面从严治党主体责任特别是"一把手"第一责任人责任，贯通落实相关职能部门监管职责，完善各负其责、统一协调的管党治党责任格局。把铲除腐败滋生的土壤和条件有机融入党的建设总体布局，纳入健全全面从严治党体系部署推进，同党的政治建设、思想建设、组织建设、作风建设、纪律建设和制度建设贯通协同起来，充分发挥政治监督、思想教育、组织管理、作风整治、纪律执行、制度完善在防治腐败中的重要作用，打好反腐败斗争总体战。

始终保持高压惩治震慑力度。面对依然严峻复杂的形势，反腐败绝对不能回头、不能松懈、不能慈悲。要健全政治监督具体化、精准化、常态化机制，严明政治纪律和政治规矩，及时发现、着力解决"七个有之"问题，对在党内搞政治团伙、小圈子、利益集团的人决不手软，坚决消除政治隐患。紧盯重点问题、重点领域、重点对象，把严惩政商勾连的腐败作为攻坚战重中之重，深化整治金融、国企、能源、烟草、医药、基建工程和招投标等权力集中、资金密集、资源富集领域的腐败。丰富防治新型腐败和隐性腐败的有效办法，建立腐败预警惩治联动机制，强化快速反应、联合处置。统筹国际国内两个战场，健全追逃防逃追赃机制，持续开展"天网行动"，加强"一带一路"廉洁建设，集中整治跨境腐败问题，决不让腐败分子逍遥法外。推动反腐败斗争向基层延伸、向群众身边延伸，惩治群众身边的"蝇贪蚁腐"，让群众有更多获得感。

健全不正之风和腐败问题同查同治机制。不正之风和腐败问题互为表里、同根同源。不正之风滋生掩藏腐败，腐败行为助长加剧不正之风甚至催生新的作风问题。要深刻把握不正之风和腐败问题相互交织的规律，锲而不舍落实中央八项规定精神，坚持正风反腐一起抓，既"由风查腐"，防止"以风盖腐"，深挖不正之风背后的权钱交易、权权交易等腐败问题；又"由腐纠风"，细查腐败背后的享乐奢靡等作风问题。深化受贿行贿一起查，完善对重点行贿人的联合惩戒机制，坚决查处那些老是拉干部下水、危害一方的行贿人，加大对行贿所获不正当利益的追缴和纠正力度；坚持受骗行骗一起查，严惩政治骗子以及结交政治骗子的党员干部，铲除政治生态"污染源"。

完善权力配置运行的制约和监督机制。腐败的本质是权力滥用。要完善权力配置和运行制约机制，坚决反对特权思想和特权现象，抓住定政策、作决策、审批监管等关键权力，聚焦重点领域深化体制机制改革，加快新兴领域治理机制建设，进一步堵塞制度漏洞，规范自由裁量权，减少设租寻租机会。落实党统一领导、全面覆盖、权威高效的总要求，完善党和国家监督体系，以党内监督为主导、专责监督为主干、基层监督为支撑，促进各类监督贯通协调。持续深化纪检监察体制改革，优化监督检查和审查调查机构职能，完善垂直管理单位纪检监察体制，推进向中管企业全面派驻纪检监察组，健全巡视巡察工作体制机制，推进执纪执法和刑事司法有机衔接，深化基层监督体制机制改革。推进公权力大数据监督平台建设，运用信息化手段及时发现共性问题，加强预警纠治，以公开透明防止权力滥用。紧盯"关键少数",健全加强对"一把手"和领导班子监督配套制度,增强监督针对性有效性。

完善党内法规制度体系和反腐败法律体系。有效防止腐败滋生,必须坚持防线前移,强化纪法约束。要完善党内法规,建立经常性和集中性相结合的纪律教育机制,增强党纪学习教育实效,推动党员干部把遵规守纪刻印在心。严格执行纪律,深化运用监督执纪"四种形态",对违反党纪的问题,发现一起坚决查处一起,既让铁纪"长牙"、发威,又让干部警醒、知止。善于用法治思维和法治方式防治腐败,健全完善基础性法规制度,持续推进反腐败国家立法,与时俱进修改监察法,出台反跨境腐败法。加强重点法规制度执行情况监督检查,确保制度刚性运行。

加强新时代廉洁文化建设。铲除腐败滋生的土壤和条件,根本要让广大党员干部在内心深处自觉抵挡住腐败诱惑。要健全理想信念教育和党性教育长效机制,引导党员干部用党的创新理论武装头脑,用理想信念强基固本,不断提升党性修养和思想境界,筑牢拒腐防变的思想根基。深入挖掘优秀传统廉洁文化丰富内涵,用优秀传统文化正心明德。积极宣传廉洁理念、廉洁典型,注重家庭家教家风建设。创新警示教育方式,深刻剖析典型案例,健全以案说德、以案说纪、以案说法、以案说责机制。以优良党风政风引领社风民风,推动形成廉荣贪耻的社会氛围。

(《人民日报》2024年9月5日第13版)

引领 为高质量发展提供强大动力

以钉钉子精神抓好改革落实

唐方裕

党的二十届三中全会通过的《中共中央关于进一步全面深化改革、推进中国式现代化的决定》(以下简称《决定》)60条中最后一条，专门强调"以钉钉子精神抓好改革落实"，要求"对党中央进一步全面深化改革的决策部署，全党必须求真务实抓落实、敢作善为抓落实，坚持上下协同、条块结合，科学制定改革任务书、时间表、优先序，明确各项改革实施主体和责任，把重大改革落实情况纳入监督检查和巡视巡察内容，以实绩实效和人民群众满意度检验改革"。贯彻落实好这一要求，需要深刻认识抓好改革落实的特殊重要性，明确抓好改革落实的重要关节点和着力点。

抓落实对于进一步全面深化改革特别重要

抓落实对一切工作都十分重要，"一分部署、九分落实"是对事业发展和领导活动的重要规律性认识。决策和执行作为推进工作的基本环节，都很重要，为什么我们经常强调"一分部署、九分落实"呢？其根本道理在于，抓落实作为作决策的后续工作，所花费的时间和精力、所需要的资源和条件、所涉及的战线和领域、所直面的矛盾和问题，多数情况下比作决策更多一些。同时，再好的决策，如果执行不力、抓落实不到位，就见不到成效，或者达不到预定目标。

关于抓落实的重要性，古今中外都有很多名言警句。诸如"空谈误国，实干兴邦"；"为政贵在行，以实则治，以文则不治"；"百言百当，不如择趋而审行也"；"驰思于千里，不若跬步之必至"；"言之非难，行之为难"；"一个行动胜过一打纲领"；等等。这些名言警句，是实践经验的凝结，蕴含事物发展和治国理政的客观规律，给人以恒久启发和教益。

我们党作为马克思主义政党，秉持言行一致、求真务实，一直把抓落实作为贯彻党的政治路线、思想路线、组织路线、群众路线的根本性要求，作为衡量党员干部党性和作风的重要标准。毛泽东同志指出："什么东西只有抓得很紧，毫不放松，才能抓住。抓而不紧，等于不抓。"习近平总书记反复强调："如果不沉下心来抓落实，再好的目标，再好的蓝图，也只是镜中花、水中月。"党的各个历史时期，是不是抓好落实、贯彻执行党的大政方针措施和方法是不是对头，都在相当程度上影响事业的发展进步。新时代以来，我们党团结带领人民群众攻克许多长期没有解决的难题，办成许多事关长远的大事要事，推动党和国家事业取得历史性成就、发生历史性变革，极为重要的一条就在于在党中央正确决策下全党上下全力以赴抓落实。

进一步全面深化改革攻坚克难的显著特点，决定抓落实必须下更大功夫。党的十八届三中全会开启的全面深化改革，一个重要标识就是敢于突进深水区，敢于啃硬骨头，敢于涉险滩。进一步全面深化改革是党的十八届三中全会以来全面深化改革的实践续篇，也是新征程推进中国式现代化的时代新篇，攻坚克难任务更重、特点更鲜明。这是因为，全面深化改革越是向纵深推进，触及的利益矛盾越复杂尖锐，动奶酪遇到的干扰越多、阻力越大，硬骨头越难啃。在这样的形势下，改革每前进一步都不容易,稍有松懈就可能半途而废。只有在改革落实上下更大功夫,才能克服利益调整中的种种阻力,真正打破利益固化藩篱,用更多更好的现代化成果惠及最广大人民,真正做到取信于民,同时赢得国际竞争和国际政治斗争主动权。《决定》强调"以钉钉子精神抓好改革落实",道理正在于此。

抓好改革落实需要清晰的思路、明确的责任、顽强的韧劲

进一步全面深化改革是一项系统工程,抓好改革落实应当有系统的思维、配套的举措、持续的行动,采取正确的手段方式,精准把握时度效。

第一,准确理解每项改革举措的指向和内涵。《决定》的各项改革举措,都源于实践、奔着问题去,是经过广泛听取意见、深入调查研究提出的,有明确的指向和要求。有的改革举措虽然就一句话,但论证过程很不简单,权衡利弊、统一认识做了大量工作。改革举措要落实好,必先理解好,理解偏颇、误解误读就会落实走样。首先,应当站在推进中国式现代化的战略全局高度,正确认识进一步全面深化改革的谋篇布局,深入领会党中央的深谋远虑,深刻理解各项改革举措的来龙去脉,弄清楚其在整体改革中承担什么角色、发挥什么作用、要达到什么目的,把握每项改革举措的背景和定位,做到知其然又知其所以然。其次,应当从各领域改革进展和进一步深化改革需要解决的突出矛盾入手,搞清楚每项改革举措针对的是什么问题,创新的基点、关键点在哪里,内容边界、与其他相关改革举措的关联在哪里,明确改革靶向,这样才能有的放矢、精准发力、不偏不倚抓好改革落实。

第二,结合实际科学制定改革任务书、时间表、优先序。《决定》

部署的改革任务，有综合性的也有专项性的，有全国性的也有区域性的，有紧迫性的也有战略性的，有规定性的也有探索性的，有难度特别大的也有难度相对小一些的，抓落实需要分清轻重缓急，善于"十个指头弹钢琴"，通过制定改革任务书、时间表、优先序，把《决定》的"大写意"转化为"工笔画""施工图"。就中央层面来说，中央全面深化改革委员会将对重大改革进行统筹部署，加强对地方和部门实施改革的指导督促。就各地区各部门来说，应当牢固树立全国一盘棋思想，全面把握党中央和习近平总书记对本地区本领域发展的战略定位和指示要求，根据《决定》精神对自身承担的改革任务进行系统梳理，结合实际制定改革实施方案，既加强政策措施衔接，又创造性开展工作。在任务书上，对中央改革方案中路径明确的规定动作，应当不折不扣做全做实；对中央改革方案中的原则性要求，应当因地制宜细化实化；对中央改革方案中没有明确规定但自身有迫切需要的改革空白点，可以有序试点、积极探索。在时间表上，应当按照到2029年新中国成立80周年完成本轮改革任务的总要求，根据轻重缓急确定各项改革任务的起止时限，一个节点一个节点推进，跑表计时，到点验收。在优先序上，是先易后难、循序渐进，还是抓大带小、纲举目张，应当依具体情况而定，不必强求一律。根据需要，可以优先从最急迫的事项改起，从老百姓最期盼的领域改起，从社会各界最能够达成共识的环节改起；也可以集中优势兵力，优先落实牵一发而动全身、落一子而满盘活的重要改革举措。制定改革任务书、时间表、优先序，应当发扬民主、广纳善言，让改革方案和举措尽可能周全、科学，能最大限度凝聚改革共识、激发改革活力，确保改革经得起实践、人民、历史的检验。

第三，明确各项改革实施主体和责任。抓好改革落实，关键在于抓好改革责任落实。根据《决定》精神，党中央领导改革的总体设计、统筹协调、整体推进；各级党委（党组）负责落实党中央决策部署，谋划推进本地区本部门改革，鼓励结合实际开拓创新，创造可复制、可推广的新鲜经验。具体到一个地方、一个部门，落实各项改革举措总是有牵头单位、参与单位、责任事项、责任人，这要逐一厘清，做到事责对应、各就其位。牵头单位应当对牵头的改革举措主动制定实施方案，精心组织、全程负责、一抓到底，不能推诿责任。参与单位应当积极参与、主动配合，帮助出点子、谋实招，认真抓好分工事项的落实，不能敷衍应付。责任事项应当清晰完整，便于操作和检查，不能模糊不清。责任人应当勇于担当、亲力亲为，整合好资源力量，把握好进度质量，反馈好重要信息，总结好经验做法，不能当甩手掌柜。跨领域跨部门、某一单位难以牵头落实的改革举措，应当由党委、政府直接组织实施，"一竿子插到底"、抓深抓透，防止出现"九龙治水"现象。需要上下联动、左右协同、条块结合实施的改革举措，应当由上级党委明确牵头单位，建立统一指挥、统筹协调、高效联动的工作机制，保证政策取向一致、实施过程合力、改革成效互促。改革是全党的事。广大党员干部特别是各级领导干部应当以实际行动支持、参与、推动改革，做改革的促进派、实干家，不当改革的旁观者、空谈家。党政主要负责同志应当率先垂范，重要改革亲自部署，重大方案亲自把关，关键环节亲自协调，棘手问题亲自解决。广大基层党组织应当成为组织实施改革的坚强战斗堡垒。

第四，完善改革督察和评价制度。督察和评价，都是抓好改革落实的重要手段。经过这些年探索，改革督察和评价都建立了工作制度、探索了有效经验，应当在坚持中不断完善。改革督察，重在抓住要害和拓展深度。改革推进到哪里，督察就跟进到哪里。重点瞄准对经济社会发展影响大、改革落实难度大、与人民群众切身利益关系大的问题，既开展专项督察又开展全面督察、综合督察，在督任务、督进度、督成效的同时察认识、察责任、察作风，在发现问题、解决问题上下功夫。改革评价，重在把握标准。评价内容和指标的设计，聚焦实绩实效和人民群众满意度，重点看是否不折不扣贯彻党中央决策部署，是否有力促进经济社会发展，是否给人民群众带来实实在在的获得感。根据不同地区和领域的特点，可以对改革情况进行差异化考核评价。改革是"国之大者"，《决定》提出把重大改革落实情况纳入监督检查和巡视巡察内容，目的是从政治监督的角度检视改革责任单位和责任人执行党中央改革决策部署的情况，对失责行为进行问责，这很有必要，应当认真落实。

第五，持续用力、久久为功推进改革落实。进一步全面深化改革绝非一蹴而就、一日之功，不能指望毕其功于一役。抓好改革落实，应当深刻认识改革的复杂性、艰巨性，坚持正确方向，增强前进定力，不畏浮云遮望眼，不因困难而退缩。应当拿出抓铁有痕、踏石留印的劲头，敢字当头、不怕艰难，勇往直前、直捣黄龙，不达目的不罢休。应当发扬钉钉子精神，紧盯目标、心无旁骛，锲而不舍、坚韧不拔，一锤一锤敲，积小胜为大胜。应当追求"功成不必在我、功成必定有我"的境界，一茬接着一茬干，一张蓝图绘到底。抓改革也是一门学问，有自身的规律。应当引导党员干部在改革中学习改革、实施改革、驾驭改革，同时正确对待改革中的失误，保护敢闯敢试的积极性。

注重防止和纠正抓改革落实中的不良现象

抓好改革落实，需要立规则规范、工作标准，也需要开负面清单，防止和纠正不良现象。这些年，在以习近平同志为核心的党中央坚强领导下，各级党委结合整治形式主义、官僚主义，发现和纠正了一些抓改革落实中的不良现象，对推动改革事业持续健康发展起到了重要作用。据有关方面分析梳理，这些不良现象主要有：

消极畏难。缺乏斗争意志、担当精神，害怕得罪人，不敢也不愿触碰深层次矛盾，对吹糠见米的改革抢着做、浓墨重彩，对动真格、难度大的改革绕道走、轻描淡写。

无的放矢。改革措施与发展目标错位，与解决矛盾问题脱节，甚至把改革本身当目的，为改革而改革。看似想了不少招，使了很大劲，结果空耗资源、无功劳碌，甚至南辕北辙。

贪图虚功。热衷于喊口号、造声势、摆花架，盲目追求改革举措、方案、文件的数量，把说的当做了，把做了当做成了，没有多少实绩就大肆宣传、到处邀功。忽视群众感受，盲目跟风做大，抓改革不计成本、难以为继，甚至留下乱摊子、埋下新隐患。

本位主义。胸无大局，只考虑本地区本部门利益，对改革任务搞选择性落实，甚至不惜损害全局利益制定和执行自己的"土政策"，导致改革变形走样，把好经念歪。

简单草率。不管条件急于求成，将长期目标短期化实施，把"持久战"打成"突击战"，结果欲速不达。对整体任务简单分解，硬下指标，搞"一刀切"、"一哄而上"，导致打乱仗。

推诿扯皮。逃避责任，上推下卸，一有问题就"甩锅"。本是"改革执行者"，却变身为"改革监督者"。潇洒只能是自己的，麻烦永远是别人的。推诿扯皮的结果是相互掣肘或无人负责，导致改革停滞甚至倒退。

虎头蛇尾。落实改革任务开始劲头十足，不到两个回合就偃旗息鼓，搞成"半拉子工程"。抓一阵子松一阵子，热一阵子冷一阵子，将改革做成"夹生饭"。忽视改革"最后一公里"，导致工作前功尽弃。

这些不良现象，虽然只是在一些地方和部门个别存在，但直接影响改革成效，挫伤干部群众的改革积极性，甚至败坏党风政风，必须高度重视，在进一步全面深化改革中坚决防止和纠正。应当针对这些不良现象产生的症结，从增强党性、改进作风、提高能力入手，加强对党员干部的教育引导，同时健全抓改革落实机制，用好改革指挥棒，及时奖优罚劣、纠正偏差。特别是各级领导干部应当树立正确政绩观，顾全大局、实事求是，雷厉风行抓改革，一身正气抓改革，求真务实抓改革，持之以恒抓改革，坚决不搞形式主义、官僚主义，坚决不搞那些让人民群众反感生怨的"外围改革""表皮改革""文件改革""甩锅改革""半拉子改革""劳民伤财改革"。如是，进一步全面深化改革必将大成，推进中国式现代化必将大成。

(《人民日报》2024年9月6日第13版)